DATA SCIENCE
NA EDUCAÇÃO

Andrea Filatro

DATA SCIENCE
NA EDUCAÇÃO
presencial, a distância e corporativa

Revisão técnica
Diógenes Justo

Prefácio
Luciano Sathler

Av. Paulista, 901, Edifício CYK, 3º andar
Bela Vista – SP – CEP 01310-100

SAC Dúvidas referentes a conteúdo editorial, material de apoio e reclamações:
sac.sets@saraivaeducacao.com.br

Direção executiva	Flávia Alves Bravin
Direção editorial	Renata Pascual Müller
Gerência editorial	Rita de Cássia S. Puoço
Aquisições	Rosana Aparecida Alves dos Santos
Edição	Neto Bach
Produção editorial	Daniela Nogueira Secondo
Preparação	Diógenes Justo
Revisão	Ana Maria Fiorini
Projeto gráfico e diagramação	Negrito Produção Editorial
Capa	Tiago Dela Rosa
Impressão e acabamento	Log&Print Gráfica e Logística S.A.

DADOS INTERNACIONAIS DE CATALOGAÇÃO NA PUBLICAÇÃO (CIP)
ANGÉLICA ILACQUA CRB-8/7057

Filatro, Andrea
 Data Science na educação: presencial, a distância e corporativa / Andrea Filatro; revisão técnica: Diógenes Justo. – São Paulo: Saraiva Educação, 2021.
 224 p.

 Bibliografia
 ISBN 978-65-87958-43-9 (impresso)

 1. Educação. 2. Ensino. 3. Aprendizagem. I. Título. II. Justo, Diógenes.

20-0408
CDD 370
CDU 37.04

Índice para catálogo sistemático:
1. Educação

Copyright © Andrea Filatro
2021 Saraiva Educação
Todos os direitos reservados.

1ª edição
2ª tiragem: 2022

Nenhuma parte desta publicação poderá ser reproduzida por qualquer meio ou forma sem a prévia autorização da Saraiva Educação. A violação dos direitos autorais é crime estabelecido na Lei n. 9.610/98 e punido pelo art. 184 do Código Penal.

COD. OBRA 703581 CL 651921 CAE 733301

Agradecimentos

Qualquer obra intelectual só é original em sua estrutura e linguagem. O conteúdo tratado e o produto final resultam do cruzamento de inúmeras inspirações. Neste mundo de abundância informacional, é praticamente impossível dar crédito a todos os que oxigenaram o nosso cérebro, iluminaram a nossa alma, impulsionaram a nossa escrita.

Por isso, minha gratidão se concentra em três pessoas admiráveis – Diógenes Justo, mestre querido em ciência de dados que, ao assumir a revisão técnica deste livro, trouxe a mim a segurança de oferecer ao leitor um texto acessível e tecnicamente fundamentado; Luciano Sahtler, colega de longa data na comunidade de EaD, que prefaciou esta obra com a sabedoria que é objeto de desejo de qualquer iniciativa orientada a dados; e Claudio Fernando André, um amigo matemático que se tornou meu orientador de pós-doutoramento na Pontifícia Universidade Católica de São Paulo (PUC-SP), do qual este livro é um dos frutos mais aguardados.

Para se materializar na forma de publicação, conto mais uma vez com a confiança da Saraiva, na pessoa dos editores Fernando Alves e Rita de Cassia da Silva Puoço, dispostos a entender as idiossincrasias desta autora, e com a contribuição incomparável da equipe de edição (Thiago Fraga e Sebastiao Leandro de Lima Neto à frente) e de produção (Daniela Secondo incansável), que sempre dão um show!

SOBRE A AUTORA

ANDREA FILATRO é doutora, mestre e pedagoga pela Faculdade de Educação da Universidade de São Paulo (FEUSP) e formada em Gestão de Projetos pela Fundação Instituto de Administração (FIA). Professora convidada na pós-graduação em Gestão da Educação Corporativa oferecida pela FIA e na pós-graduação em Inovação e Tecnologias na Educação oferecida pela Escola Nacional de Administração Pública (ENAP), atua como palestrante, pesquisadora e consultora em várias instituições privadas, públicas e de economia mista. Líder do grupo de pesquisa "Inovação em Design e Educação (IDE)", do CNPq, é autora dos livros *Design instrucional contextualizado*, *Design instrucional na prática*, *Produção de conteúdos educacionais*, *Práticas inovadoras em educação*, *Design thinking na educação*, *Metodologias inov-ativas na educação*, *Linguagens e narrativas digitais*, *Como preparar conteúdos para EaD*, *Learning Analytics* e *DI 4.0: inovação na educação corporativa*.

Sobre o revisor técnico

DIÓGENES JUSTO é mestre em Economia Aplicada à Teoria dos Jogos pela Universidade Federal do Rio Grande do Sul (UFRGS), especialista em Banking pela Fundação Getulio Vargas (FGV), especialista em Data Science e bacharel em Matemática Aplicada também pela UFRGS. Com mais de 20 anos de experiência no mercado de Tecnologia da Informação, com passagens pelo mercado financeiro (bancos e BM&FBOVESPA), varejo (Via Varejo e Dotz) e serviços públicos concedidos, é também palestrante, consultor em Data Science e professor de pós-graduação e graduação nas áreas de Business Intelligence (BI), Big Data e Data Science na Faculdade de Informática e Administração Paulista (FIAP-SP), na Escola Superior de Propaganda e Marketing (ESPM) e no Instituto Brasileiro de Tecnologia Avançada (IBTA).

PREFÁCIO

Você está diante de um livro ousado e provocativo. O texto é esclarecedor, didático e alinhado com as tendências mais prementes nas intersecções entre tecnologia e educação. Para alguns, tomar conhecimento dos conceitos, tendências e exemplos aqui abordados pode ser assustador. Muitos tenderão a classificar a leitura no campo da ficção científica. Por outro lado, quem acompanha as ondas de propagação das inovações radicais reconhecerá em cada capítulo os sinais de um futuro que já se espraia célere em diferentes contextos nacionais e institucionais.

O mundo do trabalho tem se transformado com a adoção mais intensiva da tecnologia. A automação muda as linhas de produção na indústria e altera a organização no setor de serviços. Novos modelos de negócios são criados e empresas alcançam rapidamente escalas antes impensadas. Essa revolução carrega em si o potencial de conceber uma nova sociedade, em um ritmo mais acelerado do que o experimentado com o advento da prensa móvel, quando o aumento na produção e difusão da informação foi precursora do Renascimento e da Revolução Industrial.

O ano de 2020, quando escrevo este prefácio, será por muito tempo lembrado como um marco na educação, quando o impensável aconteceu. A roda do tempo parecia girar mais lenta para quem se viu confinado à sua casa. Na realidade, houve a aceleração de uma transformação que havia sido iniciada há muitos anos.

Graças às medidas de distanciamento social adotadas para reduzir a velocidade do contágio da população mundial pela COVID-19, quase 2 bilhões de estudantes e professores viram-se impedidos de frequentar fisicamente escolas e instituições de educação superior.

As Tecnologias de Informação e Comunicação (TIC) tornaram-se a principal ou a única opção para todos que atuavam no campo educacional. Houve uma migração abrupta para o universo digital, com aulas e outras atividades de ensino-aprendizagem realizadas a distância, de forma síncrona ou assíncrona. Ampliaram-se os prejuízos causados pela desigualdade de acesso às TIC, com fortes impactos negativos junto aos estudantes mais empobrecidos.

A maior disseminação dos livros impressos, possível pela revolução de Gutenberg, modificou profundamente a difusão do saber a partir do século XVI. A adoção do quadro negro e do giz, inventados pelo professor escocês James Pillans, no século XVIII, permitiu criar as salas de aula adequadas às demandas da Sociedade Industrial.

E esse é o modelo vigente até os dias de hoje na maioria dos sistemas educacionais. As aulas passaram a ser padronizadas, unidirecionais, centradas no professor e no silêncio obsequioso dos alunos. A organização do currículo é planejada em séries e disciplinas, o que caracteriza uma fragmentação do saber em unidades especializadas do conhecimento que dialogam pouco ou nada entre si. A estrutura hierárquica cristalizada na escola desestimula a participação de alunos e da comunidade. Os símbolos medievais presentes nas cerimônias acadêmicas continuam a ser valorizados. São muitas as características que permanecem em vigor, com pouca ou nenhuma modificação.

Talvez a mais recente inovação educacional aplicada em maior escala tenha sido a Educação a Distância (EaD) pós-Internet, embora tenhamos notícias de escolas que, já no século XVIII, ofereciam cursos de taquigrafia realizados por correspondências semanais.

No século XX, a EaD se expandiu na Europa e na Ásia, onde a ênfase nos estudos autônomos para adultos era comum mesmo em cursos presenciais, que contavam com esparsas aulas magistrais e exigiam do estudante dedicação intensa às leituras para ser bem-sucedido nas avaliações de aprendizagem.

Nelson Mandela, Presidente da África do Sul e vencedor do Prêmio Nobel da Paz, foi um dos ilustres alunos que se formaram pela EaD praticada por correspondência impressa.

Com o surgimento do rádio e da televisão, a EaD teve maior impulso, especialmente no Brasil, onde a maioria da população era iletrada, com notável facilidade para aprender pelos meios audiovisuais.

Posteriormente, a Internet abriu um novo universo de possibilidades, cujos desdobramentos são exponenciais. O impacto já percebido com a adoção desse recurso na educação marca o início de uma profunda, necessária e abrangente transformação.

Nos primeiros 20 anos do presente século, as tecnologias digitais foram adotadas na EaD e, na maioria dos casos, replicou-se o modelo anterior, vigente desde a Revolução Industrial. Todos deveriam aprender as mesmas coisas, do mesmo jeito e ao mesmo tempo, dispostos em salas que se assemelhavam a linhas de montagem de fábricas.

O próximo passo é realizar uma mudança de larga escala nos sistemas educacionais – especialmente para atender a chamada **Geração Internet**,[1] dos que nasceram após 1996. São pessoas que usam as redes digitais para criar seu próprio conteúdo, colaborar entre si e construir comunidades virtuais, no que se torna uma poderosa ferramenta de engajamento e auto-organização.

Quem é da Geração Internet tem um jeito diferente de aprender, de processar dados, de pensar e de se comunicar. Há uma democratização da produção e disseminação de informação, o que gera a construção do conhecimento a partir de múltiplas fontes e diferentes caminhos – para o bem e para o mal.

Essas práticas descentralizadas acabam por pedir uma mudança de larga escala na educação, para que as abordagens didático-pedagógicas sejam mais focadas no aluno, multidirecionais, personalizadas e colaborativas.

---

1   TAPSCOTT, D. *A hora da geração digital*: como os jovens que cresceram usando a Internet estão mudando tudo, das empresas aos governos. Rio de Janeiro: Agir Negócios, 2010.

Um exemplo que demonstra a dimensão da mudança é a chamada gamificação. A prática de jogar videogame melhora a coordenação entre as mãos e os olhos, otimiza o tempo de reação e beneficia a visão periférica, bem como melhora as habilidades espaciais, a capacidade de manipular mentalmente um objeto tridimensional e pode estar associada a resultados mais eficazes em alguns campos da matemática. Como escreve Don Tapscott, criador do termo Geração Internet, isso aumenta a capacidade de atenção difusa e estimula os jogadores a descobrir regras por meio da observação, testes de hipóteses, tentativa e erro. O aprendizado acidental depende do fracasso. A chance de fracassar é alta, mas o custo é baixo e as lições aprendidas são imediatas.

A Geração Internet constrói uma cultura participativa, inquieta, interessada nos 'porquês' antes de se interessar por aprender os meios para se chegar a um ou outro resultado. O uso da inteligência coletiva disponível em rede é considerada uma forma de cognição distribuída para esses estudantes.

Uma consequência prevista para a 'educação pós-pandemia' é a aceleração da transformação da educação. A adoção apressada e maciça da EaD na Educação Básica e na Educação Superior, por conta do distanciamento social, explicita erros, acertos, frustrações e boas surpresas experimentados. Para entender o sentido da mudança que ora se aproxima é recomendado conhecer os princípios fundamentais da Educação Aberta e Flexível.

A incorporação de assistentes virtuais programados com linguagens e algoritmos típicos do Machine Learning, ou Aprendizado de Máquina, configura-se como o próximo passo desse caminho que realinhará a educação com o mundo do trabalho.

Nesse sentido, o livro que você está lendo traz os conceitos, tendências e aplicações que servem como base para o que é popularmente conhecido como Inteligência Artificial (IA). Termos antes restritos ao campo da informática passam a estar mais presentes em instituições educacionais e políticas públicas relacionadas à educação, tais como Ciência de Dados, Big Data, Lei Geral de Proteção de Dados Pessoais, Data Mining, Learning Analytics, Deep Learning, chatbots, computação quântica, Sistemas de Tutoria Inteligente e Design Instrucional Orientado a Dados.

A Unesco realizou, em 2019, a Conferência Internacional sobre Inteligência Artificial e Educação. O relatório[2] publicado em seguida afirma que a IA é encarada como um elemento do futuro da educação. Globalmente, cerca de 262 milhões crianças e jovens estavam fora da escola ao final de 2017. Mais de 617 milhões não alcançaram níveis mínimos de proficiência em leitura e matemática no mesmo ano. O organismo multilateral que faz parte das Nações Unidas ressalta que se basear exclusivamente na gestão tradicional da educação é insuficiente para tratar dos desafios enfrentados.

Destaca que, por exemplo, a IA pode remover barreiras linguísticas e logísticas que impedem o acesso de grupos vulneráveis à educação de boa qualidade. A carga de trabalho dos professores pode ser modificada, com menos tarefas administrativas ou repetitivas para que se dediquem a relações de ensino- -aprendizagem mais personalizadas e criativas. Os sistemas tutores inteligentes para ensino personalizado permitirão realizar avaliações de aprendizagem mais acuradas, bem como adequar materiais didáticos e trilhas de aprendizagem que levem em conta as especificidades individuais de cada estudante.

Até onde sabemos, a IA ainda não se desenvolveu – não nos termos como é mais popularmente imaginada. Segundo Bostrom,[3] temos a **IA fraca** (variedade dedicada a prover ajuda ao pensamento humano) e a **IA forte** (busca mecanizar a inteligência ao nível humano). Mas ainda não chegamos à '**Superinteligência**', ou seja, a máquinas com uma capacidade de intelecto que exceda em muito o desempenho cognitivo dos seres humanos em virtualmente todos os domínios de interesse. Aptas ao pensamento abstrato. Preparadas para a análise de dados sensoriais externos e internos que levem a representações combinatórias flexíveis e que possam ser usadas na elaboração de raciocínios lógicos e intuitivos. Esses são os fundamentos para a habilidade de lidar com incertezas e aprender sempre.

---

2   UNESCO. *The International Conference on Artificial Intelligence and Education*: planning education in the AI era, lead the leap. Paris: United Nations Educational, Scientific and Cultural Organization, 2019.
3   BOSTROM, N. *Superinteligência*: caminhos, perigos e estratégias para um novo mundo. Rio de Janeiro: DarkSide Books, 2018.

Há uma série de preocupações com a inserção das TIC na educação, dilemas éticos relacionados, por exemplo, à privacidade, ao determinismo digital (tomar decisões de antemão sobre quem terá maior ou menor sucesso na aprendizagem a partir dos traços revelados em sua relação com as máquinas) e à presença de grandes oligopólios empresariais que hoje concentram a maior parte das patentes dessas novas tecnologias.

Não há como impedir a adoção da IA na educação. Para modular sua aplicação e garantir seu uso dentro de limites éticos voltados para o bem comum é preciso que estudantes, professores e gestores tornem-se não apenas usuários, mas, também, produtores da tecnologia. E que sejam implementadas políticas públicas que garantam a segurança cibernética para todos. Só assim os sistemas educacionais e os países manterão sua autonomia no universo digital.

A educação precisa assumir um protagonismo inédito para aumentar as chances de as pessoas viverem bem na **Sociedade da Informação**. Manter a dignidade de trabalhar, exercer a cidadania e encontrar significado na vida dependem dessa transformação dos sistemas educacionais. É uma tarefa espiritual, algo que vai muito além de quaisquer religiões organizadas – refundar a sociedade tendo por base a empatia, a solidariedade e a compaixão.

O destino de indivíduos, cidades e países está atrelado a essa mudança de larga escala, tanto na economia como pela construção de novas narrativas que ampliem o bem comum. Não será possível fazer apenas mais do mesmo e como antes. A Inteligência Artificial e a inovação educacional vão se impor como eixos dessa transformação.

LUCIANO SATHLER é doutor em Administração pela Faculdade de Economia, Administração, Contabilidade e Atuária da Universidade de São Paulo (FEA/USP). Reitor do Centro Universitário Metodista Izabela Hendrix, em Belo Horizonte (MG), onde ofertou o primeiro curso superior de Tecnologia em Ciência de Dados no país. Diretor da Sucesu Minas. Membro do Conselho de Educação da Federação das Indústrias de Minas Gerais (FIEMG) e do Comitê de Qualidade da Associação Brasileira de Educação a Distância. Foi o primeiro pró-reitor de educação a distância do Brasil, quando atuou na Universidade Metodista de São Paulo.

APRESENTAÇÃO

Em inúmeros setores, incluindo a educação, a quantidade de dados resultantes de interações humanas com outras pessoas, ferramentas e conteúdos tem aumentado de maneira assombrosa nas últimas décadas. O desenvolvimento e a disseminação das tecnologias digitais e o crescimento exponencial no uso de *tablets*, *smartphones*, computadores e Internet das Coisas (IoT) geram, continuamente, um volume e uma variedade imensa de dados, em uma velocidade assombrosa, no que hoje é conhecido como Big Data – tema do Capítulo 1 deste livro.

A disponibilidade de computadores poderosos e algoritmos capazes de analisar essa imensa quantidade de dados – na ordem de exabytes (trilhões de megabytes ou quintilhões de bytes) – anuncia mudanças paradigmáticas na forma de gerar conhecimento e tomar decisões.

Nesse contexto, o Data Science emerge como campo de investigação teórico e metodológico que reúne ciência da computação, matemática, estatística, educação e outras ciências sociais aplicadas para examinar e compreender os fenômenos sociais e técnicos a partir da análise de quantidades massivas de dados.

Na educação, a explosão de dados fica patente nas situações didáticas mediadas por sistemas digitais de aprendizagem (como ocorre na educação a distância ou em modelos híbridos), em que praticamente todas as ações de alunos e professores são registradas computacionalmente. Torna-se cada vez mais necessário compreender esses dados e aperfeiçoar a capacidade de tomada de decisão nas escolas, universidades, departamentos de educação corporativa e demais instituições de ensino.

Sob o guarda-chuva da emergente Ciência de Dados Educacionais (Educational Data Science), a Mineração de Dados Educacionais (Educational Data Mining) – tratada no Capítulo 2 deste livro – é uma disciplina também emergente, voltada ao desenvolvimento de métodos para explorar tipos exclusivos de dados originados em ambientes educacionais e usar esses métodos para entender melhor os alunos e os ambientes em que eles aprendem.

Já a Analítica da Aprendizagem (Learning Analytics) – foco do Capítulo 3 – enfatiza o lado humano na análise das "migalhas de pão digitais" que os alunos deixam quando interagem com diferentes sistemas digitais, conferindo a educadores e educandos um papel mais ativo diante das descobertas feitas a partir dos dados minerados.

O Capítulo 4 aborda outro grande campo de pesquisa e prática, a Inteligência Artificial na Educação – com todas as suas promessas de emular a capacidade humana de entender ideias, pessoas e relacionamentos, e de agir a partir desse entendimento. Esse provavelmente é o capítulo mais desafiador, pela diversidade de métodos e aplicações, que vão do Processamento de Linguagem Natural aos Assistentes de Voz Inteligentes, do Machine Learning à Robótica, do Reconhecimento de Imagem à Internet das Coisas.

Juntos, esses campos possibilitam que as vastas quantidades de dados geradas no processo de ensino-aprendizagem sejam tratadas para encontrar padrões de boas práticas, identificar os alunos com menor probabilidade de sucesso ou até iniciar intervenções humanas ou computacionais direcionadas para ajudá-los a alcançar melhores resultados.

O livro ficaria incompleto, todavia, se deixássemos de lado uma abordagem mais holística e integradora sobre a educação inteligente (*smart education*), tema do Capítulo 5. Esse modelo, ou melhor, esse movimento internacional, fortemente atrelado ao conceito de cidades inteligentes (*smart cities*), traz ao livro uma reflexão mais ampla sobre a premência de os sistemas e as instituições educacionais assegurarem aos alunos o desenvolvimento das competências do século XXI, incluindo alfabetização digital, pensamento criativo, comunicação eficaz, trabalho em equipe e capacidade de criar projetos de alta qualidade.

A jornada pelo Data Science na Educação se completa, assim, com uma visão mais ampla sobre a educação inteligente, abrangendo ideias como o aluno inteligente, a aprendizagem inteligente, os ambientes de aprendizagem inteligentes e o design instrucional inteligente – todos articulados a um contexto mais amplo e concreto de pessoas inteligentes e singulares, capazes de lidar com o potencial arrebatador das tecnologias.

Entenda a estrutura e os recursos visuais disponíveis neste livro

Na área de Data Science, a começar pelo título do livro, são muitas as expressões em inglês que perdem a força quando traduzidas. Por exemplo, Big Data rapidamente remete à enorme quantidade de dados que circula rapidamente nos meios digitais. Muitas siglas originadas do idioma inglês também se tornaram termo corrente entre os estudiosos e os praticantes, como IoT para designar Internet das Coisas (Internet of Things). Por essa razão, optamos por utilizar os termos originais quando consagrados e disponibilizar uma chave de termos ao final do livro.

Pela frequência das expressões em inglês, decidimos abolir o itálico na maioria dos casos, poupamos o leitor de interromper a leitura a cada troca de formatação. Além disso, para distinguir campos de conhecimento ou prática estabelecidos, adotamos letras maiúsculas e minúsculas, como em Processamento de Linguagem Natural e Design Instrucional Orientado a Dados.

Essas decisões, talvez detalhistas demais para o leitor, foram tomadas com o intuito de facilitar não só a leitura, mas a compreensão da infinidade de termos que caracterizam a área.

Outro desafio ao lidar com Data Science são as fronteiras entre as áreas e subáreas. Alguns autores, por exemplo, situam o Knowledge Discovery in Databases, ou Descoberta de Conhecimento em Bases de Dados, como um processo maior do qual o Data Mining (Mineração de Dados) faz parte, enquanto outros utilizam os termos intercambiavelmente como sinônimos.

Neste livro, então, reservamo-nos o direito de organizar uma hierarquia conceitual própria, mas ancorada no que vigora hoje na pesquisa sobre Data Science na educação. No exemplo citado, existem congressos, periódicos, *handbooks* e toda uma comunidade de pesquisadores e praticantes que atuam sob o guarda-chuva do Data Mining – há até uma sigla já consolidada em inglês, EDM – Educational Data Mining, empregada em centenas de artigos científicos, técnicos e comerciais. Por essa razão, esse termo dá título ao Capítulo 2, e Knowledge Discovery in Databases (KDD) entra como um dos principais temas.

O box **"Origens"** aparece em algumas seções do livro, a fim de oferecer ao leitor um contexto histórico e geográfico mínimo sobre as diferentes temáticas tratadas.
É uma forma também de afastar a sensação de que se trata de modas passageiras, mostrando, ao contrário, o estágio de evolução ou maturidade em que se encontram.

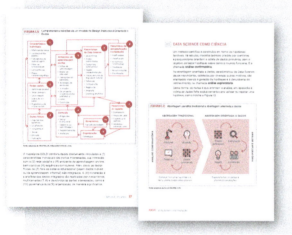

Alguns recursos foram pensados para apoiar o leitor na exploração das temáticas abordadas:

O livro é repleto de **figuras técnicas**, elaboradas para apoiar, complementar ou sintetizar as informações textuais.

Há um conjunto de vídeos, *sites* e ferramentas indicados por **QR Code** que o leitor pode acessar apontando seu aparelho para a imagem. É necessário ter um leitor de QR code instalado em seu aparelho.

XVIII Data Science na Educação

Nos destaques às margens, o leitor encontra **referências cruzadas** a outras seções relacionadas.

Ao longo dos capítulos, termos talvez desconhecidos do leitor são destacados em **negrito e cor** para indicar que a eles corresponde um verbete explicativo no Glossário ao final do livro.

Por fim, embora seja recheado de citações bibliográficas, este não é um livro acadêmico. É o resultado do esforço de uma educadora para ajudar outros educadores – professores, gestores, designers instrucionais, coordenadores, pesquisadores, profissionais de educação corporativa – a entenderem o intricado mundo do Data Science na Educação. As muitas referências cumprem dupla função – fundamentar os conceitos, processos e práticas apresentados e possibilitar ao leitor recomendações de leitura caso exista interesse ou necessidade de aprofundamento.

Que a leitura seja prazerosa, produtiva e inspiradora!

ANDREA FILATRO

Sumário

Introdução - Data Science XXIV

I.1   Data Science como ciência XXVI
I.2   Componentes do Data Science XXVIII
I.3   Processo de Data Science XXIX
I.4   Data Science na educação XXX

CAPÍTULO 2 – DATA MINING 31

2.1   Técnicas de Data Mining 34
       PRINCIPAIS TÉCNICAS DE DATA MINING 35
2.2   Educational Data Mining (EDM) 47
       2.2.1   Processo de Mineração de Dados Educacionais 48
2.3   Knowledge Discovery in Databases (KDD) 52
       2.3.1   Modelo DIKW: dos dados à sabedoria 53
2.4   Visualização de dados 56
2.5   Dashboards 58
       2.5.1   Dashboards educacionais 59
2.6   Tomada de Decisão Orientada a Dados 61
       2.6.1   Tomada de Decisão Educacional Orientada a Dados 62

CAPÍTULO 1 – BIG DATA 1

1.1 Tipos de dados 4
1.2 Estrutura dos dados 6
1.3 Origem dos dados 8
1.4 Governança e proteção de dados 10
1.5 Governança e proteção de dados na educação 13
1.6 Big Data na educação 16
    1.6.1 Especificidades dos dados educacionais 17
    1.6.2 Modelos de dados na educação 18
1.7 Design Instrucional Orientado a Dados 22
    1.7.1 Processo de Design Instrucional Orientado a Dados 24
    1.7.2 Modelo de referência para o Design Instrucional Orientado a Dados 26

CAPÍTULO 3 – DATA ANALYTICS 65

3.1 Aplicações do Data Analytics 69
3.2 Data Analytics *versus* Data Mining 70
3.3 Text Analytics 71
3.4 Audio Analytics 73
3.5 Video Analytics 75
3.6 Social Media Analytics 77
3.7 IoT Analytics 79
3.8 Learning Analytics (LA) 82
    3.8.1 EDM *versus* LA 84
    3.8.2 Processo de LA 86
    3.8.3 Modelo de referência para o LA 88
        3.8.3.1 Dados e ambientes no LA (O quê?) 89
        3.8.3.2 Partes interessadas no LA (Quem?) 91
        3.8.3.3 Objetivos do LA (Por quê?) 92
        3.8.3.4 Métodos no LA (Como?) 94
    3.8.4 Plataformas de LA 96
    3.8.5 Padrões para LA 98
    3.8.6 Learner Analytics 100
    3.8.7 Academic Analytics 101

CAPÍTULO 4 – INTELIGÊNCIA ARTIFICIAL (IA) 105

4.1 Tipos de IA 109

4.2 Áreas da IA 111

4.3 Processo de IA 113

4.4 IA *versus* Data Mining *versus* Data Analytics 115

4.5 Machine Learning (ML) 117

   4.5.1 Como as máquinas aprendem? 118

      4.5.1.1 Aprendizado supervisionado 119

      4.5.1.2 Aprendizado não supervisionado 120

      4.5.1.3 Aprendizado por reforço 122

4.6 Deep Learning (DL) 123

4.7 Sistemas de recomendação 125

   4.7.1 Sistemas de recomendação educacional 126

4.8 Processamento de Linguagem Natural 129

   4.8.1 Processamento de Linguagem Natural na educação 130

4.9 Visão Computacional 132

4.10 Assistentes de Voz Inteligentes 134

4.11 Robótica 135

   4.11.1 Robótica educacional 137

4.12 Chatbots 139

   4.12.1 Chatbots na educação 141

4.13 IA na educação 143

4.14 Impacto da IA na educação 145

   4.14.1 Sistemas de Tutoria Inteligente (ITS) 148

CAPÍTULO 5 – EDUCAÇÃO INTELIGENTE 151

- 5.1 Aprendizagem inteligente 155
- 5.2 Ambientes de aprendizagem inteligentes 157
- 5.3 Design Instrucional Inteligente 160
- 5.4 Singularidade e inteligência humano-computacional 161

Cases 164
Perspectivas: novas fronteiras para o conhecimento
  e a aprendizagem 167
Glossário 171
Chave de tradução 175
Chave de siglas 177
Índice remissivo 178
Referências 181

Introdução – Data Science

Data Science, ou Ciência de Dados, pode ser definido como a disciplina que fornece princípios, metodologias e orientações para transformação, validação, análise e criação de significado a partir de dados. O objetivo é extrair conhecimento de conjuntos de dados que, por vezes, podem ser grandes demais (o chamado **Big Data**) para as análises estatísticas tradicionais. Exemplos incluem a análise de estruturas genômicas complexas, a interpretação de textos e manuscritos e a otimização de estratégias de retenção de alunos.

⊕ **Veja mais sobre Big Data à p. 2.**

ORIGENS

Embora a ideia de que as técnicas analíticas podem ser usadas para entender e extrair informações de dados seja tão antiga quanto o campo da estatística, remontando ao século XVIII, a expressão Data Science é atribuída a William S. Cleveland que, em 2001, apresentou a ciência de dados como uma disciplina independente que estendia a área da estatística para incorporar avanços na computação com dados. Em janeiro de 2003, a Columbia University consolidou a área ao publicar o *Journal of Data Science*.

Mudanças no contexto socioeconômico e tecnológico convergiram para possibilitar a emergência do Data Science como uma nova ciência voltada à compreensão dos dados, como mostra a Figura I.1.

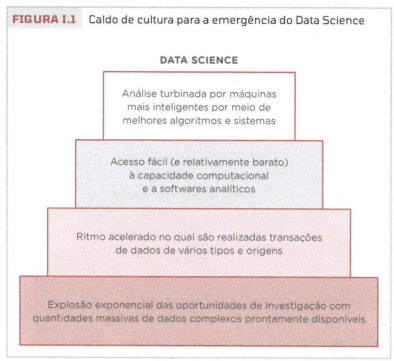

FIGURA I.1 Caldo de cultura para a emergência do Data Science

Fonte: AGARWAL; DHAR, 2014.

Como a avalanche de dados aumenta continuamente em velocidade, volume, complexidade e diversificação, o Data Science trabalha com algoritmos cada vez mais poderosos e melhores esquemas de representação do conhecimento, tendo em vista subsidiar o entendimento dos dados e a tomada de decisão.

I.1 DATA SCIENCE COMO CIÊNCIA

Um método científico é construído em torno de hipóteses testáveis. Há séculos, modelos teóricos criados por cientistas e pesquisadores orientam a coleta de dados primários, com o objetivo de testar hipóteses sobre como o mundo funciona. É a chamada **análise confirmatória**.

Na abordagem orientada a dados, característica do Data Science, dados secundários, coletados por diversos outros motivos, são analisados visando à geração de hipóteses e à descoberta de conhecimento, na chamada **análise exploratória**.

Dessa forma, os dados é que orientam a análise, em oposição à coleta de dados feita exclusivamente para validar ou rejeitar uma hipótese, como mostra a Figura I.2.

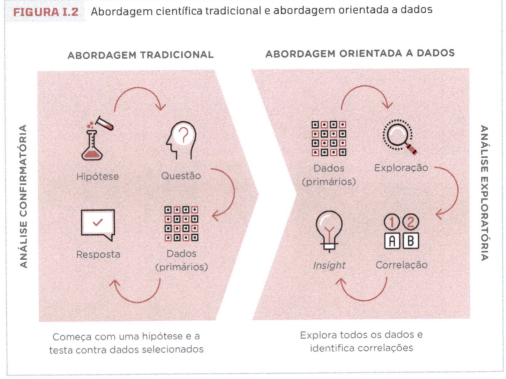

FIGURA I.2 Abordagem científica tradicional e abordagem orientada a dados

Fonte: adaptada de BALDASSARRE, 2016.

Como os dados são analisados em uma escala capaz de relacionar inúmeras variáveis, o computador se torna uma máquina de fazer perguntas em oposição a um servidor puramente analítico. Pode-se, por exemplo, descobrir que jovens em uma região específica estão se tornando diabéticos cada vez mais cedo e, em seguida, verificar se a tendência se deve a hábitos, dieta, medicamentos e uma série de fatores que talvez não fossem inicialmente uma hipótese humana.

O Data Science pode ser entendido, então, como uma abordagem científica orientada a dados, a qual possibilita uma nova síntese entre a **modelagem** *top-down* (que começa com uma questão ou um problema e coleta e analisa dados para chegar a uma compreensão ou solução) e a descoberta *bottom-up* (que parte de grandes massas de dados disponíveis e avança para obter *insights*).

I.2 COMPONENTES DO DATA SCIENCE

O Data Science envolve princípios, processos e técnicas para compreender fenômenos por meio da análise de dados, visando ao aprimoramento da tomada de decisão. Pode ser considerado como uma disciplina multidisciplinar que combina propósitos, pessoas, processos, plataformas e programabilidade (os chamados 5Ps da ciência de dados), como mostra a Figura I.3.

FIGURA I.3 Os 5Ps do Data Science

PROPÓSITO
Desafio que pode estar relacionado a uma hipótese científica ou a uma métrica que precisa ser analisada

PESSOAS
Indivíduos com habilidades em estatística, aprendizado de máquina, gestão de dados, programação e computação, e domínio da área de conhecimento (p. ex., educação)

PROCESSO
Conjunto de etapas 100% automatizadas ou realizadas com interação humana, como coleta, tratamento, processamento e análise de dados + visualização de resultados

PLATAFORMAS
Softwares orientados à escalabilidade, incluindo interfaces de programação reutilizáveis, ferramentas analíticas, ambientes de visualização e relatórios para o usuário final

PROGRAMABILIDADE
Capacidade de capturar um processo escalonável por meio de linguagens de programação e padrões

Fonte: adaptada de ALTINTAS; GUPTA, s./d.

De forma resumida, o Data Science pode ser entendido, então, como a capacidade de usar os cinco Ps. Os dois primeiros Ps (propósito e pessoas) são mais direcionados à área de aplicação, enquanto plataformas e programabilidade são mais orientados tecnicamente. O processo de Data Science assegura que todas as ações estejam em conformidade, o que leva a um sexto P: o produto resultante.

I.3 | PROCESSO DE DATA SCIENCE

O Data Science é um campo multidisciplinar que combina ciência da computação – mais especificamente os campos de engenharia de software e **Machine Learning (ML)**, ou Aprendizado de Máquina –, estatística e matemática para analisar quantidades massivas de dados e deles extrair conhecimento.

➕ Veja mais sobre Machine Learning à p. 117.

Com essa finalidade, o processo de Data Science é constituído por algumas etapas, como mostrado no Quadro I.1.

Quadro I.1 Etapas do processo de Data Science

Etapas	Objetivos
Definição do problema	Entender o que, como e por que o processo de Data Science será realizado, e ter uma visão clara sobre o propósito e o contexto do problema, os recursos a serem utilizados, a maneira como a análise será realizada e a lista de entregas dispostas em uma linha do tempo.
Coleta de dados	Ter acesso aos dados (em vários formatos), seja consultando bancos de dados internos ou adquirindo conjuntos de dados externos.
Preparação dos dados	Transformar os dados brutos em um formato diretamente utilizável, além de identificar e corrigir eventuais erros (valores ausentes, duplicados, inválidos), e, se necessário, mesclar dados de fontes diferentes.
Exploração dos dados	Usar técnicas visuais e descritivas para realizar a análise exploratória, buscando correlações e padrões que permitam obter *insights* e compreensão dos dados.
Modelagem dos dados	Construir um **modelo**[1] que, utilizando abordagens descritivas, preditivas ou prescritivas, permita responder às perguntas levantadas na 1ª etapa.
	➕ **Veja mais sobre modelos descritivos, preditivos e prescritivos às p. 20-21.**
Comunicação dos resultados	Apresentar os resultados da modelagem de dados em diferentes formatos, variando desde relatórios detalhados de consulta até apresentações em painéis de controle (Dashboards), passando por gráficos, estatísticas e **mapas de calor (*heatmaps*)**.
	➕ **Veja mais sobre Dashboards à p. 58.**
Automatização da análise	Quando necessário, se o processo tiver de ser replicado várias vezes, tornar a análise automática para economizar tempo.

Fonte: adaptado de CIELEN *et al.*, 2016 apud BALDASSARRE, 2016.

O processo de Data Science raramente é linear. Em cada etapa, pode ser necessário voltar às etapas anteriores antes de chegar ao final do processo, revisitando métodos, técnicas ou mesmo reconsiderando se o problema originalmente identificado era ou não adequado. Tendo finalmente chegado a um resultado final, é bastante provável que as respostas encontradas simplesmente gerem mais perguntas, e o processo começa novamente!

---

1   Um **modelo** é uma representação simplificada da realidade. Por exemplo, um mapa é um modelo do mundo físico que abstrai uma grande quantidade de informações consideradas irrelevantes para sua finalidade, e preserva (às vezes simplificando) as informações relevantes. Cada área de conhecimento trabalha modelos próprios: uma planta arquitetônica, um protótipo de engenharia, um *storyboard* de uma animação, uma matriz de design instrucional para um curso, e assim por diante. No Data Science, os modelos demonstram como serão construídas as estruturas de dados, como os dados estarão organizados e quais relacionamentos se pretendem estabelecer entre eles. **Modelagem** é, por extensão, a aplicação de modelos para análise, compreensão e estudo dos dados.

Introdução   **XXIX**

I.4 DATA SCIENCE NA EDUCAÇÃO

Quando aplicado especificamente ao campo educacional, o Data Science reúne ciência da computação, educação, estatísticas e outras ciências sociais para examinar e compreender o fenômeno educacional.

Assim, **Educational Data Science (EDS)**, ou Ciência de Dados Educacionais, pode ser definido como um campo orientado a dados, sistêmico, transdisciplinar e dinâmico, que combina habilidades técnicas e sociais à compreensão profunda da prática educacional em diferentes ambientes de aprendizagem.[2]

ORIGENS

Como subdisciplina de Data Science, o EDS teve sua origem em debates realizados na década de 2000, nas conferências sobre Educational Data Mining (EDM), ou Mineração de Dados Educacionais. Posteriormente, conferências sobre Learning Analytics (LA), ou Analítica da Aprendizagem, a partir de 2011, e a ampliação das pesquisas sobre Artificial Intelligence in Education (AIED), ou Inteligência Artificial na Educação, consolidaram o EDS como área interdisciplinar voltada a explorar o impacto do Big Data na compreensão e solução de problemas complexos de aprendizagem.

O EDS utiliza procedimentos e técnicas para reunir, organizar, tratar e interpretar fontes de dados educacionais volumosas e diversificadas, assegurando a consistência desses conjuntos e criando visualizações para auxiliar na compreensão de dados complexos. Além disso, modelos matemáticos são construídos para comunicar *insights*/descobertas a educadores, gestores, designers instrucionais, alunos e outras partes interessadas.

---

2   PIETY, P. J.; HICKEY, D. T.; BISHOP, M. J. Educational data sciences: framing emergent practices for analytics of learning, organizations, and systems. *LAK '14*, p. 24-28, mar. 2014.

Para os objetivos deste livro, o EDS pode ser explicado como a intersecção entre Educational Data Mining, Learning Analytics e Inteligência Artificial na Educação, como mostra a Figura I.4.³

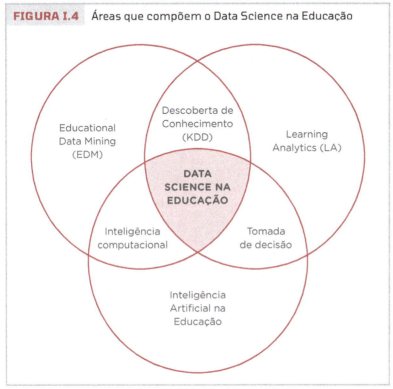

FIGURA I.4 Áreas que compõem o Data Science na Educação

Fonte: elaborada pela autora.

➕ Para saber mais sobre as áreas que fundamentam a ciência de dados educacionais, veja Educational Data Mining, Learning Analytics e Inteligência Artificial na Educação, nas p. 47, 82 e 143, respectivamente. Você também pode consultar a seção "Data Science", no início desta Introdução, para entender o campo mais genérico no qual a EDS está inserida.

---

3   Com respeito à relação entre Data Science e Inteligência Artificial (IA), é evidente que há uma grande região de intersecção de conhecimentos e técnicas, mas não se pode dizer que uma está contida na outra e vice-versa (por exemplo, todas as questões relativas à extração e ao tratamento de dados não fazem parte do campo de IA). Já a definição de agentes inteligentes não necessariamente faz parte do campo de conhecimento de Data Science. Algoritmos com modelos descritivos e preditivos, em grande parte, fazem parte dos dois campos de conhecimento.

Introdução   XXXI

CAPÍTULO 1

BIG DATA

Big Data é a expressão que descreve conjuntos de dados grandes demais para serem analisados pelos sistemas tradicionais de processamento, e que, portanto, exigem novas maneiras e novas tecnologias de armazenamento, processamento, análise, visualização e integração.

ORIGENS Credita-se a Michael Cox e David Ellsworth o primeiro uso da expressão Big Data, em artigo publicado pela Association of Computing Machine (ACM), em 1997, do qual destacamos o seguinte trecho: "A visualização oferece um desafio interessante para os sistemas de computadores: os conjuntos de dados são geralmente bastante grandes, sobrecarregando as capacidades da memória principal, do disco local e até do disco remoto. Chamamos esse problema de Big Data".[1]

Com o advento da Internet, do *streaming* de dados, das interfaces ou **tecnologias vestíveis (*wearables*)** e da **Internet das Coisas (IoT)**, a quantidade de dados produzidos em um único dia é superior a todos os dados criados pela humanidade até o ano de 2003.

⊕ Veja mais sobre Internet das Coisas às p. 79 e 80.

Estamos falando de grande volume de dados – conjuntos maiores que 1 petabyte (1 PB = 1.000.000.000.000.000 bytes = 1.000 terabytes) – gerados a uma taxa muito mais rápida do que no passado.

---

1 ELLSWORTH, D.; COX, M. Application-controlled demand paging for out-of-core visualization. *NASA Ames Research Center*, California, jul. 1997. Disponível em: https://www.nas.nasa.gov/assets/pdf/techreports/1997/nas-97-010.pdf. Acesso em: 28 abr. 2020.

Só para termos uma dimensão, 1 caractere pode ter o tamanho exato de 1 byte, dependendo da codificação utilizada. Em média, uma música em MP3 ocupa 5 MB, e uma foto em alta resolução pode passar dos 2 MB, dependendo do formato do arquivo. Cerca de 40 filmes em alta definição podem ser armazenados em 1 terabyte. Aumentando a escala e observando dados relativos a 2015, 2 petabytes seriam suficientes para armazenar toda a produção acadêmica dos Estados Unidos, enquanto o Google processava cerca de 25 petabytes de dados todos os dias. Nesse mesmo ano, aproximadamente 30 exabytes de informações foram transmitidos por mês na Internet mundial. Seriam necessários 42 zettabytes para gravar todos os textos do mundo, em todos os idiomas conhecidos. Por fim, somando todas as centrais de dados, discos rígidos, *pen-drives* e servidores de todo o mundo, o total não alcançaria 1 yottabyte.[2] Veja um resumo da nomenclatura utilizada para descrever o volume de dados na Tabela 1.1.

Tabela 1.1 Volume de dados

Dígito binário (1 ou 0)	1 bit
8 bits	1 byte
1024 bytes	1 kilobyte
1024 kilobytes	1 megabyte
1024 megabytes	1 gigabyte
1024 gigabytes	1 terabyte
1024 terabytes	1 petabyte
1024 petabytes	1 exabyte
1024 exabytes	1 zettabyte
1024 zettabytes	1 yottabyte
1024 yottabytes	1 brontobyte
1024 brontobytes	1 geobyte

Fonte: SAMPAIO, 2010.

Para saber mais sobre o tema, aponte seu aparelho para o QR Code ao lado e assista ao vídeo "O que é Big Data e para que serve?", da Faculdade Cásper Líbero.
https://www.youtube.com/watch?v=uZdhhGTcjj4

---

2 HAMANN, R. Do bit ao yottabyte: conheça os tamanhos dos arquivos digitais. *Tecmundo*, 19 maio 2011. Disponível em: https://www.tecmundo.com.br/infografico/10187-do-bit-ao-yottabyte-conheca-os-tamanhos-dos-arquivos-digitais-infografico-.htm. Acesso em: 28 abr. 2020.

1.1 TIPOS DE DADOS

O Big Data se caracteriza pelo **The Six V**, ou **6V**, combinando volume, variedade, velocidade, veracidade, valência e valor, como registra a Figura 1.1.

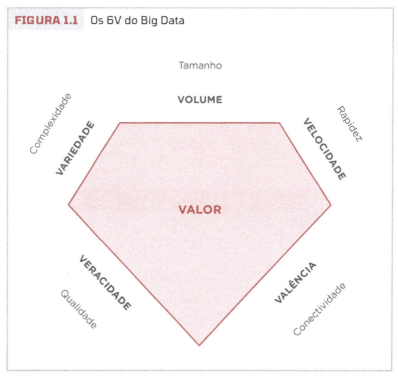

FIGURA 1.1 Os 6V do Big Data

Fonte: adaptada de ALTINTAS; GUPTA, s./d.

Essas características correspondem a algumas questões críticas no cenário dos "grandes dados", como resume o Quadro 1.1.

Quadro 1.1	Questões correspondentes
Volume	Em que quantidade são gerados?
Velocidade	Quão rapidamente são gerados?
Variedade	Em quais formatos aparecem?
Veracidade	Quão acurados são?
Valência	Que conexões são formadas entre conjuntos de dados díspares?
Valor	Qual o seu significado?

Fonte: elaborado pela autora.

Embora as cinco primeiras características chamem rapidamente nossa atenção, o desafio essencial do Big Data é transformar todas essas dimensões em algo realmente útil.

Assim, a ideia por trás do processamento de grandes massas de dados é, acima de tudo, obter *insights* para apoiar a tomada de decisões. Não basta capturar e armazenar os dados. O objetivo é identificar tendências, descobrir padrões ocultos e detectar anomalias para ter melhor compreensão do problema e tomar decisões mais informadas, com base em dados.

1.2 ESTRUTURA DOS DADOS

Além do enorme volume de dados, o Big Data se caracteriza também pelo uso de dados de diferentes naturezas, como mostra o Quadro 1.2, em que, a cada um deles, atribuem-se diferentes técnicas e ferramentas.[3]

Quadro 1.2 Tipos de dados segundo sua estrutura	
Tipo de dados	**Descrição**
Dados estruturados	Dados de formato fixo e com tipos bem definidos (números, textos, datas etc.), organizados rigidamente na forma de tabelas (com linhas e colunas) em bancos de dados ou arquivos do Excel. Todas as entidades do mesmo grupo (ou coluna, se pensarmos em tabelas) têm os mesmos atributos, formato e comprimento, além de seguirem a mesma ordem. Tudo é rotulado, fácil de acessar e pode ser facilmente processado por máquinas. Os dados estruturados representam apenas 20% dos dados gerados nos principais domínios de conhecimento ou prática.
Dados não estruturados	Dados armazenados em um formato que facilita a leitura por seres humanos, mas que são dificilmente compreendidos por um computador, dadas suas irregularidades e ambiguidades. Como não seguem um formato ou padrão particular, geralmente não são armazenados em um banco de dados no formato tradicional de linhas e colunas. Estamos falando aqui principalmente de textos produzidos em forma de documentos Word, mensagens de e-mail ou serviços de mensagens instantâneas, mas também de arquivos de logs, datas, números e eventos, bem como de arquivos de imagem, vídeo e áudio.
Dados semiestruturados	Dados que podem ter certa estrutura, embora nem todas as informações coletadas tenham estrutura idêntica, resultantes do cruzamento entre as formas não estruturadas e estruturadas. Marcadores ou descritores (os chamados **metadados**) são usados para identificar determinados elementos dos dados, mas os dados em si não têm uma estrutura rígida. É o que acontece com as páginas Web, os *feeds* do Twitter e as *tags* (palavras-chave) nos vídeos.

Fonte: adaptado de E-SKILLSBUSINESSTOOLBOX, s./d.

---

3 BALDASSARRE, M. Think big: learning contexts, algorithms and data Science. *REM – Research on Education and Media*, v. 8, n. 2, 2016.

Os dados não estruturados representam a maior parte das informações disponíveis hoje, com tendência a crescimento exponencial. Esses dados não possuem nenhum modelo subjacente nem uma estrutura interna totalmente ordenada. Existem ferramentas maduras para tratar os dados estruturados, mas as ferramentas para mineração e analítica de dados não estruturados são incipientes e ainda estão em desenvolvimento. A maioria se baseia no **Machine Learning (ML)**, ou Aprendizado de Máquina, incluindo **Nature Language Processing (NLP)**, ou Processamento de Linguagem Natural, detecção e classificação de padrões e **algoritmos** de mineração de texto, assim como análises de relevância de documentos, Análise de Sentimentos e coleta na Web orientada por filtros. Mais recentemente, o **Deep Learning (DL)**, uma subárea do Machine Learning, abriu inúmeras possibilidades de análise de dados de áudio e imagens, representando um salto de evolução muito significativo também na análise textual.

➕ Veja mais sobre Machine Learning à p. 117; Processamento de Linguagem Natural à p. 129; Deep Learning à p. 123; e Análise de Sentimentos à p. 72.

1.3 ORIGEM DOS DADOS

Em 2013, a United Nations Economic Commission for Europe (UNECE), ou Comissão Econômica das Nações Unidas para a Europa, propôs uma taxonomia para classificar os dados com base em diferentes critérios, entre os quais a origem, como vemos no Quadro 1.3.

Quadro 1.3 Exemplos de dados conforme origem

Origem	Exemplos
Dados gerados por seres humanos	Registros de experiências humanas, anteriormente gravados em livros e obras de arte e, posteriormente, em fotografias, áudio e vídeo, disponibilizados em redes sociais, blogs, documentos pessoais, aplicativos de mensagens instantâneas, e-mails etc.
Dados mediados por processos	Registros produzidos por sistemas de negócios de agências públicas ou privadas, como registros médicos, transações comerciais e financeiras, dados de e-commerce etc.
Dados gerados por máquinas	Registros derivados da Internet das Coisas, de sensores fixos (de clima, poluição, tráfego, segurança, automação doméstica etc.) ou de sensores móveis (geolocalização de aparelhos celulares, carros e imagens de satélites), além de registros de sistemas computacionais (como logs e Web logs).

Fonte: adaptado de UNECE, 2013.

Como vemos, em linhas gerais, as redes sociais geram dados fornecidos por seres humanos, enquanto a Internet das Coisas é baseada em máquinas. Os dados mediados por processos de sistemas de negócios registram, por exemplo, dados de transações, o que torna as organizações uma terceira fonte de dados.

Na educação, as ações dos alunos e docentes geram uma infinidade de **dados educacionais** (frequência, participação, interação, produção etc.), os quais, quando registrados digitalmente, podem alimentar desde o planejamento de ações didáticas específicas até avaliações de grande porte nacionais ou internacionais.

➕ Veja mais sobre as especificidades dos dados educacionais à p. 17.

Podemos notar, contudo, que, tanto no caso de dados de origem humana como de organizações, sempre há interação com as máquinas. E, em alguns casos, pode ser difícil distinguir se os dados são produzidos por pessoas ou por máquinas, como ocorre na utilização de sensores corporais por esportistas.

1.4 GOVERNANÇA E PROTEÇÃO DE DADOS

Em nível global, há um consenso sobre as implicações éticas de Data Science no que diz respeito a propriedade, privacidade e uso de dados. Trata-se de uma temática que tem sido alvo de constante discussão em fóruns públicos, periódicos científicos e na mídia, além de ser objeto de legislação específica, como ocorre no Brasil com a **Lei Geral de Proteção de Dados Pessoais (LGPD)**.[4]

Inspirada no Regulamento Geral de Proteção de Dados da União Europeia,[5] a LGPD altera o Marco Civil da Internet,[6] estabelecendo regras sobre a coleta, o armazenamento, o tratamento e o compartilhamento de dados pessoais, bem como modificando intensamente a forma como se relacionam o controlador dos dados (instituições públicas e empresas) e o titular dos dados (usuários que disponibilizam suas informações).

De acordo com o texto da LGPD, as pessoas podem ter maior controle sobre os dados e informações de sua titularidade disponibilizados a instituições públicas e privadas, o que inclui as atividades desenvolvidas por instituições e agentes de ensino, que coletam informações pessoais de alunos, pais, responsáveis, funcionários e visitantes.

Assim, toda informação relacionada a uma pessoa (por exemplo, nome, RG, endereço e telefone) é considerada **dado pessoal**. As informações que dizem respeito à movimentação das pessoas em redes sociais e suas preferências, como curtidas, comentários e transações on-line, também entram nessa definição.

---

4 Após adiamentos devido à pandemia do COVID-19, a LGPD entrou em vigor no Brasil em 18/09/2020. A lei está disponível na íntegra em: BRASIL. *Lei n. 13.709, de 14 de agosto de 2018.* Lei Geral de Proteção de Dados Pessoais (LGPD). Disponível em: http://www.planalto.gov.br/ccivil_03/_ato2015-2018/2018/lei/L13709.htm. Acesso em: 28 abr. 2020.

5 PARLAMENTO EUROPEU. *Regulamento (EU) 2016/679, de 27 de abril de 2016.* Regulamento Geral de Produção de Dados da União Europeia. Disponível, em português, em: https://eur-lex.europa.eu/legal-content/PT/TXT/PDF/?uri=CELEX:32016R0679&from=EN. Acesso em: 28 abr. 2020.

6 BRASIL. *Lei n. 12.965, de 23 de abril de 2014.* Marco Civil da Internet. Disponível em: http://www.planalto.gov.br/ccivil_03/_ato2011-2014/2014/lei/l12965.htm. Acesso em: 28 abr. 2020.

Como um subconjunto, **dados pessoais sensíveis** são registros sobre origem racial ou étnica, convicção religiosa, opinião política, filiação a sindicatos ou organizações de caráter religioso, filosófico e/ou político, registros referentes à saúde, vida sexual, dados genéricos ou biométricos.

A LGPD ainda define **dados anonimizados** como aqueles relativos a titular que não possa ser identificado, considerando a utilização de meios técnicos razoáveis e disponíveis na ocasião de seu tratamento.

Se no passado todas essas informações eram coletadas e armazenadas sem grandes questionamentos, segundo a LGPD, cada dado precisa ter o respaldo de uma série de princípios previstos na Lei, como finalidade, adequação, livre acesso, qualidade dos dados, transparência, segurança, prevenção e não discriminação, responsabilização e prestação de contas,[7] como mostra o Quadro 1.4.

---

7 Sobre os aspectos genéricos da LGPD, veja: FIESP/CIESP. *Cartilha de proteção de dados pessoais.* 2019. Disponível em: https://www.fiesp.com.br/arquivo-download/?id=261401. Acesso em: 28 abr. 2020. Para uma análise contextualizada ao setor educacional, veja: NETHICS/OPICEBLUM. *Os impactos da Lei Geral de Proteção de Dados em instituições de ensino,* s./d. Disponível em: https://www.nethicsedu.com.br/v2/wp-content/uploads/2019/08/Cartilha-Os-impactos-da-LGPD-nas-institui%C3%A7%C3%B5es-de-ensino.pdf?fbclid=IwAR0Ejf3t7VB-uryviAq76lYh5UJXIkg_1h08pRYmEp3BD6ph9kOJJqO2e98. Acesso em: 28 abr. 2020.

Quadro 1.4 Os princípios da LGPD

1 Finalidade	2 Adequação	3 Necessidade	4 Livre acesso	5 Qualidade dos dados
Tratamento para propósitos legítimos, específicos, explícitos e informados ao titular, sem possibilidade de tratamento posterior de forma incompatível com essas finalidades	Compatibilidade do tratamento com as finalidades informadas ao titular, de acordo com o contexto do tratamento	Limitação do tratamento ao mínimo necessário para a realização de suas finalidades, com abrangência dos dados pertinentes, proporcionais e não excessivos em relação às finalidades do tratamento de dados	Garantia, aos titulares, de consulta facilitada e gratuita sobre a forma e a duração do tratamento, bem como sobre a integralidade de seus dados pessoais	Garantia, aos titulares, de exatidão, clareza, relevância e atualização dos dados

6 Transparência	7 Segurança	8 Prevenção	9 Não discriminação	10 Responsabilização e prestação de contas
Garantia, aos titulares, de informações claras, precisas e facilmente acessíveis sobre a realização do tratamento e os respectivos agentes de tratamento	Utilização de medidas técnicas e administrativas aptas a proteger os dados pessoais de acessos não autorizados e de situações acidentais ou ilícitas de destruição, perda, alteração, comunicação ou difusão	Adoção de medidas para prevenir a ocorrência de danos em virtude do tratamento de dados pessoais	Impossibilidade de realização do tratamento para fins discriminatórios ilícitos ou abusivos	Demonstração, pelo agente, da adoção de medidas eficazes e capazes de comprovar a observância e o cumprimento das normas de proteção de dados pessoais e, inclusive, da eficácia dessas medidas

Fontes: BRASIL, 2018; adaptado de SLADE; TAIT, 2019.

Para saber mais sobre o impacto da LGPD nas instituições de ensino brasileiras, aponte seu aparelho para o QR Code ao lado e assista ao vídeo "Entenda a Lei Geral de Proteção de Dados Pessoais nas escolas", produzido pela EscolaWeb.
https://www.youtube.com/watch?v=NQn8Ur_ZMsQ

1.5 GOVERNANÇA E PROTEÇÃO DE DADOS NA EDUCAÇÃO

No campo educacional, as questões de governança e proteção de dados têm sido mais lentamente compreendidas do que ocorre com o desenvolvimento de sofisticados sistemas de apoio à aprendizagem.

Apesar disso, as instituições de ensino são consideradas agentes de tratamento de dados pessoais, por disporem de uma infinidade de dados (digitais ou não) sobre alunos, professores, funcionários e até pais e responsáveis, incluindo dados cadastrais, avaliações educacionais, notas dos alunos e frequências.

Em ações de aprendizagem digital, as instituições coletam e analisam cada vez mais detalhes sobre as interações individuais dos alunos nos ambientes on-line (em fóruns de discussão, testes, tarefas e projetos), mas também examinam conjuntos de dados mais amplos, como aqueles coletados como parte do processo de inscrição e avaliação, além dos dados compartilhados pelos alunos como parte de sua vida social e de estudo fora do ambiente de sala de aula.

O objetivo é criar melhores experiências educacionais, capacitar os alunos a participar ativamente de sua aprendizagem, apoiar grupos de estudantes em risco e avaliar fatores que afetam a conclusão dos cursos e o desempenho dos alunos. No entanto, é patente a necessidade de considerar questões relacionadas a coleta, análise e uso dos dados do aluno, ponderando os interesses potencialmente conflitantes das diferentes partes envolvidas.

O International Council for Open and Distance Education (ICDE) disponibilizou à comunidade mundial, em 2019, um conjunto de diretrizes para a prática orientada a dados e eticamente informada, reunindo as principais questões relacionadas à ética de dados na educação, como mostra o Quadro 1.5.

Quadro 1.5 Diretrizes para a prática orientada a dados

Propriedade e controle de dados

A propriedade e o controle de dados diz respeito a quais dados pessoais e sensíveis podem ser acessados, armazenados e utilizados, por qual período (administração temporária) e sob quais condições, incluindo restrições ao compartilhamento com terceiros ou ao uso com finalidade outra que não a educacional. A propriedade dos dados é regulada, em certa medida, por legislação nacional e internacional relevante.

Transparência

A transparência institucional deve deixar claro para os alunos e outras partes interessadas qual é o objetivo da mineração e analítica de dados. Embora isso pareça trivial, é preciso reconhecer que os dados são frequentemente analisados em benefício da instituição (por exemplo, para maximizar as taxas de conclusão em cursos), e não para o aluno individual (para oferecer a melhor experiência e os melhores resultados de aprendizagem). Tornar os alunos e as partes interessadas mais conscientes do uso dos dados oferece a oportunidade de obter maior precisão na coleta e envolvimento na interpretação dos dados, adicionando à compreensão institucional fatores relevantes que impactam o sucesso do aluno. Nem sempre, contudo, é possível ser totalmente transparente. Modelos construídos em torno de abordagens de regressão, por exemplo, podem ser difíceis de entender e interpretar. Por exemplo, pode não ficar totalmente claro por que um aluno é identificado como potencialmente mais vulnerável que outro.

Acessibilidade

A acessibilidade dos dados está relacionada à determinação de quem tem acesso aos dados brutos (por exemplo, dados demográficos, histórico acadêmico, renda etc.) e aos dados resultantes de mineração e analítica, bem como à capacidade dos alunos de acessar e corrigir seus próprios dados.

Validade e confiabilidade dos dados

Para garantir que os resultados da mineração e da analítica dos dados educacionais sejam válidos e confiáveis, a instituição precisa garantir que os dados sejam completos, precisos e representativos do problema em questão para permitir análises e cálculos robustos. Por isso, os conjuntos de dados devem ser mantidos extremamente atualizados, com oportunidades para os alunos e outras partes interessadas atualizarem e substituírem os dados existentes.

Além disso, os modelos de análise, interpretação e comunicação para analisar, interpretar e comunicar as analíticas de dados às partes interessadas (equipe de suporte, consultores, faculdades, estudantes) devem ser sólidos, livres de vieses algorítmicos, transparentes sempre que possível e claramente entendidos pelos usuários finais. Isso inclui a necessidade de melhorar as competências da equipe e o entendimento das complexidades e implicações éticas na coleta, análise e uso de dados dos alunos.

Responsabilidade institucional e obrigação de agir

Um princípio fundamental é considerar se o acesso ao conhecimento e a maior compreensão sobre como os alunos aprendem implicam obrigação moral de agir. Ao observar que alguns alunos não submetem as tarefas ou ao identificar altas probabilidades de abandono, a instituição é obrigada a agir com base no que identificou? Muitas vezes, os recursos são limitados e não é fácil alcançar todos os alunos que poderiam se beneficiar de algum tipo de intervenção. Nesses casos, a instituição pode priorizar grupos potencialmente mais vulneráveis, mantendo o processo de tomada de decisão transparente e claramente entendido por todas as partes interessadas.

Comunicação

A comunicação de resultados de análise preditiva (do tipo "alunos como você fazem isso ou aquilo..." ou "com base nos seus resultados anteriores...") precisa ser muito mais cuidadosa do que a feita com base no rastreamento humano.

Principalmente no contexto educacional, é necessário ter mente que as pessoas são mais do que a soma de seus dados visíveis e as previsões são apenas probabilidades geradas por um sistema computacional. Embora a análise preditiva seja útil para alertar proativamente os tutores ou a equipe de apoio sobre problemas antes que possam surgir, as comunicações com os alunos podem ser mais eficazes se levarem os valores subjacentes da instituição, os benefícios previstos para os aluno, as limitações dos dados e sua interpretação e diretrizes de comunicação para a prática ética.

Valores culturais

Em contextos multiculturais, entender e interpretar dados é uma tarefa necessariamente mais complexa porque há valores e restrições locais que precisam ser considerados. Hábitos e costumes estão diretamente relacionados a comportamentos, que podem incluir crenças religiosas e ideologias políticas, entre outros aspectos.

Inclusão

Com a pressão governamental por resultados positivos, o interesse financeiro dos investidores das grandes redes de ensino ou mesmo de patrocinadores internos no caso da educação corporativa, existe o risco de que a mineração e a analítica de dados possa ser usada para legitimar a exclusão de determinadas categorias de alunos identificadas de forma negativa. Se ética for um valor, mais do que proteger as taxas de sucesso, a ciência de dados educacionais deve ser usada principalmente para apoiar os alunos, de maneira centrada na aprendizagem.

Consentimento

Em geral, o consentimento para coleta de dados do aluno é feito no ato da inscrição em um programa de estudos ou entrada em uma instituição. Nesse momento, muitos estudantes desconhecem a mineração e analítica da aprendizagem e precisam ser esclarecidos quanto aos propósitos delas, inclusive com a opção de poder anular o consentimento.

Agência e responsabilidade do aluno

Embora exista claramente uma relação de poder assimétrica entre as instituições e os estudantes, o engajamento proativo dos alunos ajuda a desenhar e modelar as intervenções educacionais mais personalizadas, além de proporcionar oportunidades de autorregulação da própria aprendizagem.

Fonte: elaborado pela autora com base em dados do ICDE.

1.6 BIG DATA NA EDUCAÇÃO

Os "grandes dados" podem ser usados para melhorias em todo o setor educacional – desde uma única escola até sistemas governamentais completos.

Com a expansão da educação a distância e dos cursos e recursos on-line, os dados adquirem um significado completamente novo, influenciando a maneira como os alunos aprendem, como os professores ensinam, como as administrações gerenciam e como os empregadores selecionam e desenvolvem pessoas.[8]

O Quadro 1.6 elenca alguns dos objetivos da utilização do Big Data no sistema educacional.

Quadro 1.6 Objetivos da implementação do Big Data na educação

Objetivo	Descrição
Melhoria dos processos e resultados dos alunos	O desempenho dos alunos hoje é medido por respostas a provas e exames. Com Big Data, é possível monitorar todas as ações dos alunos – por exemplo, analisar quanto tempo eles levam para responder a uma pergunta, que fontes preferem usar, que perguntas ignoram, que recursos didáticos funcionam melhor para quais alunos, qual é a relação entre materiais didáticos e respostas a questões etc.
Gerenciamento de programas massivos	Em programas com muitos alunos, os dados recolhidos podem subsidiar a personalização da experiência educacional – dando aos alunos oportunidades de projetar seu próprio programa personalizado, seguir aulas de seu interesse e estabelecer comunicação direta com professores, administradores e colegas. Nos **Massive Open Online Courses (MOOCs)**, ou Cursos On-line Massivos Abertos, os dados podem ensinar quais recursos são mais eficazes.
Melhoria da experiência de aprendizagem em tempo real	Algoritmos podem monitorar como os alunos leem textos, assistem a vídeos, escutam podcasts etc., incluindo quantas vezes um recurso é acessado, por quanto tempo, quantas perguntas são feitas sobre determinado tópico, quantos hiperlinks são clicados para busca de mais informações, quantos e quais trechos são destacados ou comentados pelos alunos etc.
Melhoria do desempenho e redução de desistências	O Big Data permite acompanhar de perto os alunos de acordo com indicadores-chave de desempenho delineados, provendo *feedback* instantâneo, além de fornecer orientações de estudo para ajudar a reduzir o número de desistências.
Melhoria da orientação educacional por meio de estudos longitudinais	O monitoramento pode ser usado do início ao fim de um curso ou programa e ainda extrapolar os limites de um curso para verificar como os alunos se saem em situações profissionais práticas atuais ou futuras.

Fonte: adaptado de BALDASSARRE, 2016.

---

8 KABAKCHIEVA, D.; STEFANOVA, K. Big data approach and dimensions for educational industry. *Economic Alternatives*, n. 4, p. 47-59, 2015. Disponível em: https://www.unwe.bg/uploads/Alternatives/5-Stefanova-Kabakchieva.pdf. Acesso em: 28 abr. 2020.

O Big Data é uma grande promessa de mudança e aperfeiçoamento no setor educacional nos próximos anos, tanto para o ensino superior como para a educação corporativa, com impacto direto na forma como as pessoas aprendem individualmente e no modo como o ensino é oferecido e avaliado, visando à melhoria do desempenho geral e à entrega de um serviço melhor à sociedade e aos negócios.

1.6.1 Especificidades dos dados educacionais

Em muitos aspectos, os dados educacionais são semelhantes aos dados usados em outros domínios, como assistência médica, finanças e indústria.

Porém, em alguma medida, possuem propriedades únicas, como mostra o Quadro 1.7.

Quadro 1.7 Desafios do Big Data na educação	
Desafio	**Descrição**
Dados de origem humana individual e coletiva	Muitos dados educacionais são resultado de criação humana e social, o que aumenta a possibilidade de erro e manipulação. Alguns se concentraram no monitoramento de fraudes em testes e exames finais, mas o alcance do Big Data na educação pode ir muito além e afetar áreas como o Design Instrucional Orientado a Dados e o planejamento focado na educação especial, tanto quanto a avaliação formativa. ⊕ Veja mais sobre o Design Instrucional Orientado a Dados à p. 22.
Imprecisão de medição	Os dados educacionais correm o risco de ter uma mediação imprecisa. Em comparação com transações financeiras ou leituras de pressão arterial, as avaliações educacionais podem ser sensíveis ao histórico do aluno, ao tipo de estratégia instrucional adotada, às circunstâncias de aplicação dos testes, entre outros.
Desafios de comparabilidade	Há também os desafios de comparar diferentes áreas de dados educacionais (por exemplo, escolas, departamentos universitários ou ações de capacitação em áreas distintas de negócio são frequentemente comparados em diferentes tipos de análises). No entanto, a variação em programas de estudo, metodologias ou instrumentos de avaliação nem sempre pode estar imediatamente evidente nos fluxos de dados.
Fragmentação	Organizações diferentes mantêm partes de informações educacionais (por exemplo, os dados do ENEM estão separados dos dados do ENADE, os dados de uma universidade corporativa estão separados dos dados da área de recursos humanos), e há ainda padrões técnicos não seguidos ou parcialmente adotados que afetam a capacidade de conectar dados sem que seja necessário trabalho extra nesse sentido.

Fonte: adaptado de PIETY; HICKEY; BISHOP, 2014.

Vale lembrar ainda que os dados educacionais variam em termos de abrangência. Dados individuais podem gerar informações relativas ao desempenho de cada aluno. Quando consolidados em grupos, turmas ou coletivos aprendendo simultaneamente, possibilitam *insights* sobre a proposta de design instrucional. Quando distribuídos ao longo de um período, permitem acumular séries históricas e fazer inferências mais amplas sobre os resultados.

1.6.2 Modelos de dados na educação

Com um grande volume de informações dos alunos, incluindo matrículas ou inscrições, registros acadêmicos e outros dados contextuais, educadores e instituições de ensino podem se beneficiar de uma análise direcionada.

Ao projetar programas que coletam dados em todas as etapas dos processos de ensino-aprendizagem dos alunos, podem ser oferecidos percursos, conteúdos, atividades e *feedbacks* personalizados para criar uma experiência pessoal única.

A contribuição-chave do Big Data para a educação depende da aplicação dos três tipos de modelos de dados (descritivos, preditivos e prescritivos) para orientar a melhor tomada de decisão, como mostra o Gráfico 1.1.

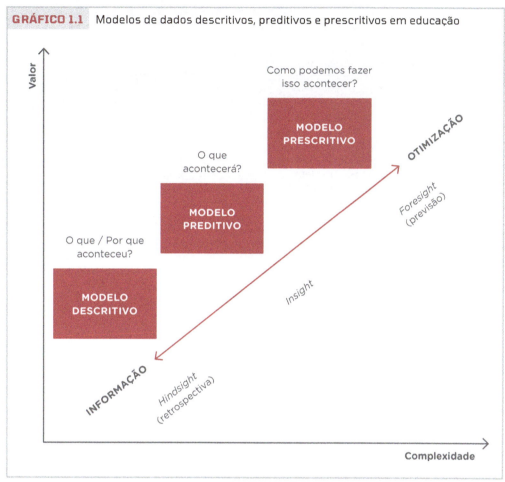

Fonte: adaptado de BALDASSARRE, 2016.

O Quadro 1.8 detalha os três modelos de dados educacionais, com suas ênfases temporais, objetivos e limitações.

Quadro 1.8 Modelos de dados educacionais

Modelos descritivos

Os **modelos descritivos** retratam e analisam o que aconteceu e o que está acontecendo atualmente, a partir da análise de dados transacionais e interacionais sobre o processo de ensino-aprendizagem, a pesquisa, as políticas educacionais e outros processos administrativos relacionados à educação.

O objetivo é identificar tendências – como matrícula de alunos, taxas de conclusão de cursos, progressões a notas mais elevadas e evasão escolar – a partir de dados coletados de **Learning Management Systems (LMSs)**, ou Sistemas de Gerenciamento de Aprendizagem, em português, ou outros ambientes digitais, pela análise de frequência de logins, visualizações de página, tipos de conteúdo ou recursos mais visitados etc.

Alguns modelos descritivos permitem descobrir relacionamentos ocultos em dados que talvez não estejam tão evidentes sem o uso de técnicas adequadas. Esses modelos podem ser usados, por exemplo, para identificar os alunos que apresentam comportamentos de risco de desistência ou reprovação já no início de um curso ou disciplina. Os modelos descritivos também podem apoiar professores e designers instrucionais no sentido de compreender em que medida determinado conteúdo, atividade ou recurso está diretamente correlacionado a uma aprendizagem bem-sucedida. A apresentação isolada de modelos descritivos é limitada a explicar o que passou ou o que está acontecendo. Educadores e instituições precisam ter a capacidade de examinar os dados atuais e, em alguma medida, prever resultados futuros.

Modelos preditivos

Os **modelos preditivos** abstraem a maior parte da complexidade de um fenômeno e se concentram em um conjunto específico de indicadores que se relacionam entre si. Em geral, fazem uso de abordagens prévias ou modelagens descritivas e, a partir daí, possibilitam prever resultados futuros com certo grau de precisão.

Os modelos preditivos se baseiam principalmente em técnicas estatísticas.[9] No entanto, a estatística convencional está enraizada na **inferência estatística**: uma pequena amostra da população é obtida, analisada e as conclusões são generalizadas para toda a população. No Big Data, as amostras são enormes e representam a maioria da população, quando não a totalidade. Existem ferramentas para tratar com amostras relativamente grandes, porém, o arcabouço de técnicas avançadas para validar a representatividade da amostra em relação à população se resume a testes mais simplificados, abrindo espaço a novas técnicas para obter *insights* a partir de modelos preditivos.

Em essência, os modelos preditivos buscam descobrir padrões e capturar relacionamentos em dados históricos e atuais, permitindo a projeção futura de determinado evento. Isso é obtido por meio de técnicas como a regressão linear,[10] que captura as interdependências entre variáveis de resultado e variáveis explicativas a fim de fazer previsões sobre o futuro.

---

9   Nota do R.T.: existem técnicas computacionais e matemáticas incorporadas em modelos algorítmicos que otimizam resultados preditivos e não se baseiam necessariamente em estatística, como as redes neurais.

10 Nota do R.T.: entre outras técnicas mais modernas, como florestas randômicas (*random forests*), máquinas de vetores de suporte, vários tipos de redes neurais, entre outras.

▷ É importante destacar que os modelos preditivos não determinam o que acontecerá no futuro, mas preveem o que *pode* acontecer com um nível aceitável de confiabilidade (a **significância estatística**).[11]

Os modelos preditivos também incluem cenários de avaliação do tipo IF-THEN (SE-ENTÃO), de avaliação de riscos e de **análise de sensibilidade** (esta última para verificar quanto pequenas variações de parâmetros impactam no resultado global).

Modelos prescritivos

Os **modelos prescritivos** são construídos com base em *insights* obtidos a partir de modelos descritivos e preditivos. Ajudam as instituições de ensino a avaliar sua situação atual e a fazer escolhas informadas sobre o curso alternativo de eventos com base em previsões válidas e consistentes.

Ao combinar resultados descritivos e preditivos, os modelos prescritivos possibilitam avaliar e determinar novas maneiras de atuar, com vistas a alcançar resultados desejáveis, equilibrando as restrições. Permitem, assim, que os tomadores de decisão olhem para o futuro e reconheçam as oportunidades e os desafios, apresentando as melhores opções para tirar proveito dessa previsão em tempo hábil.

Embora não sejam amplamente utilizados, os modelos prescritivos são ferramentas acionáveis (práticas) que ajudam a decidir quais ações devem ser tomadas. Concentram-se em responder perguntas específicas, como gestão hospitalar, diagnóstico de pacientes com câncer e pacientes com diabetes, que determinam qual deve ser o foco do tratamento.

Fonte: quadro elaborado pela autora.

---

11 Nota do R.T.: afirmar que um resultado tem determinado grau de significância estatística significa dizer que os resultados encontrados não são atribuíveis ao acaso naquele determinado grau.

1.7 DESIGN INSTRUCIONAL ORIENTADO A DADOS

O **Data Driven Learning Design (DDLD)**, ou Design Instrucional Orientado a Dados, é aquele que integra os fundamentos do design instrucional às contribuições do Data Science na Educação – Educational Data Mining (EDM), ou Mineração de Dados Educacionais; Learning Analytics (LA), ou Analítica da Aprendizagem; e Artificial Intelligence in Education (AIED), ou Inteligência Artificial na Educação. Como o Design Instrucional parte do reconhecimento de que o aluno é o responsável pelo processo de aprendizagem, deve estar orientado a captar, tratar e analisar os dados relacionados a ele e a tomar decisões que impulsionem à ação – seja humana ou executada por máquinas inteligentes.

Um dos principais desafios do Data Science na Educação é desenvolver e interpretar indicadores que permitam aumentar a compreensão dos processos de aprendizagem com o objetivo de desenvolver iniciativas acionáveis (práticas) no design de soluções educacionais.[12]

A orientação teórica do Data Science é essencial para ajudar a identificar padrões e associações significativos entre dados digitais e resultados de aprendizagem, a decidir quais perguntas fazer para melhorar a aprendizagem (principalmente on-line), a definir técnicas de mineração e analítica de dados e de Machine Learning, e a selecionar e interpretar os resultados a fim de produzir *insights* acionáveis para várias partes interessadas.

A expressão **Design Instrucional (DI)**[13] refere-se ao processo de desenhar experiências de aprendizagem com o uso de inovações e recursos tecnológicos a partir dos fundamentos teóricos da educação.

Uma das categorizações do DI permite enxergar o âmago do processo de aprendizagem sobre o qual as ações de Data Science na Educação incidirão. Veja o Quadro 1.9.

---

12 MANGAROSKA, K.; GIANNAKOS, M. Learning analytics for learning design: a systematic literature review of analytics-driven design to enhance learning. IEEE transactions on learning technologies, set. 2018. Disponível em: https://www.researchgate.net/publication/327406391_Learning_analytics_for_learning_design_A_systematic_literature_review_of_analytics-driven_design_to_enhance_learning. Acesso em: 28 abr. 2020.

13 Boa parte da literatura internacional utiliza a expressão Instructional Design (Design Instrucional) em referência ao processo de construir soluções – como cursos, programas, materiais didáticos ou eventos instrucionais – para resolver os problemas educacionais. Outros autores optam pela expressão Learning Design (Design da Aprendizagem) na tentativa de superar o paradigma instrucionista ligado às origens behavioristas da área. Há ainda uma comunidade que emprega Learning Design (em maiúsculas) de forma vinculada à especificação IMS-LD, seguindo uma taxonomia muito mais rígida para conceitos ligados ao processo de ensino-aprendizagem. A esse respeito, veja: FILATRO, A. *Design instrucional contextualizado*. São Paulo: Editora Senac São Paulo, 2004; FILATRO, A. *Learning design como fundamentação teórica para o design instrucional contextualizado*. 2008. Tese (Doutorado em Educação) – Faculdade de Educação, Universidade de São Paulo, São Paulo, 2008.

Quadro 1.9 Atividades de aprendizagem projetadas no DI

Atividades	Descrição	Exemplos de ações	Exemplos de dados
Assimilativas	Envolvem atividades nas quais os alunos prestam atenção na informação	Ler, assistir, ouvir	Número e intervalo de acesso a textos, vídeos, podcasts, animações; comentários e anotações em livros digitais e vídeos interativos; empréstimos em bibliotecas físicas; frequência em aulas ou palestras presenciais
Descoberta e manipulação de informações	Incluem atividades de pesquisa e processamento da informação	Listar, analisar, coletar, plotar, descobrir, usar, reunir	Acesso a mecanismos de busca e repositórios digitais; palavras-chave pesquisadas; tipo de recurso pesquisado; períodos de acesso e intervalos de pesquisa
Comunicacionais	Abrangem todo tipo de diálogo entre estudantes e estudantes, ou entre estudantes e professores	Comunicar, debater, discutir, argumentar, compartilhar, colaborar, apresentar	Número de visualizações, postagens, curtidas, comentários e favoritos em ferramentas assíncronas (fóruns, redes sociais, murais virtuais; gravações de sessões síncronas); participações em Webconferências e *lives*; número e conteúdo de chamadas telefônicas; ocorrências de palavras-chave ou *tags* (etiquetas); número e conteúdo de interações com professor, tutor humano e inteligente, equipe, suporte e colegas
Produtivas	Concentram-se na construção ativa de artefatos	Criar, construir, fazer, desenhar	Tipos de ferramentas cognitivas, de programação, escrita, cálculo, apresentação, programação; números de acesso por tipo de ferramenta; número e tipo de publicações (texto, áudio, vídeo, imagem etc.) em **portfólios** individuais, de grupo ou coletivas; dispositivos usados para acesso e produção
Experimentais	Ajudam os alunos a aplicar a aprendizagem em ambientes do mundo real	Praticar, aplicar, experimentar, explorar	Dados obtidos por sensores em dispositivos móveis (tempo, localização geográfica, condições ambientais); acesso a jogos, simuladores digitais, objetos e equipamentos conectados à Internet das Coisas; dados biológicos coletados a partir de tecnologias vestíveis (óculos, pulseiras, luvas, capacetes, relógios); papéis assumidos em ambientes inteligentes
Interativas / adaptáveis	Envolvem aplicar a aprendizagem para solucionar problemas em ambientes simulados	Tentar, aperfeiçoar, simular	Registros de interação e manipulação de objetos em ambientes interativos; resultados obtidos em desafios de gamificação, jogos e simuladores digitais; seguimento de trilhas e percursos personalizados
Avaliativas	Incluem todas as formas de avaliação (somativa, formativa e autoavaliação)	Escrever, apresentar, relatar, demonstrar, criticar	Número de acessos e tentativas de resposta a enquetes, testes e questões abertas; itens (questões) de avaliação; histórico de notas ou conceitos individuais, de grupos e coletivos; índices de satisfação com soluções educacionais (avaliação de reação); resultados de produções escritas ou orais

Fonte: adaptado de RIENTIES et al., 2017.

Em essência, o que o Data Mining vai minerar, o que o Learning Analytics vai analisar e o que a Inteligência Artificial vai propor como ação a partir dos resultados desses processos dependem de como o aluno se relaciona com essas atividades de aprendizagem específicas, ou seja, são os conjuntos de dados gerados a partir da realização dessas atividades que colocam em evidência se houve ou não aprendizagem.

1.7.1 Processo de Design Instrucional Orientado a Dados

A despeito dos anúncios de que o DI está morto ou, na melhor das hipóteses, batalhando para sobreviver no cenário disruptivo do Data Science,[14] vemos nas etapas clássicas de design instrucional (análise, design, desenvolvimento, implementação e avaliação) enormes oportunidades para mais inovação no processo.

Assim, o designer instrucional (o profissional de DI) precisa ter um conhecimento razoável dos campos que compõem o Data Science para apoiar a construção de soluções educacionais orientadas a dados.

Basicamente, o Design Instrucional Orientado a Dados, então, define qual é o papel dos dados no processo de design para aproveitar ao máximo as possibilidades do Data Science na Educação. Em linhas gerais, os dados informam o design logo no início no processo e continuam ao longo de todo o ciclo de vida da solução educacional, como mostra o Quadro 1.10.

---

14 Para uma perspectiva mais positiva, veja: CLARK. D. Learning designers will have to adapt or die. Here are 10 ways they need to adapt to AI... *OEB Insigths*, 8 nov. 2018. Disponível em: https://oeb. global/oeb-insights/learning-designers-will-have-to-adapt-or-die-here-are-10-ways-they-need-to-adapt-to-ai/. Acesso em: 28 abr. 2020.

Quadro 1.10 Etapas do DI orientadas a dados

Análise

É necessário coletar amostras de dados dos alunos-alvo, que podem vir de outros sistemas de aprendizagem orientados a dados ou de repositórios de dados. Algumas técnicas de Data Mining podem ser necessárias para tratar os dados em um formato adequado para o processamento por algoritmos de Machine Learning.

Design

A partir dos dados coletados na etapa de análise, cria-se um protótipo inicial da solução educacional, incluindo percursos personalizados conforme os perfis identificados e ainda indicações de curadoria por meio de **Sistemas de Recomendação**.

No protótipo também é desenvolvida a coleta de dados. Os usuários-teste precisam ser representativos dos alunos e dos professores. Os dados coletados e tratados são usados para treinar e testar os modelos de IA incorporados à solução educacional.

⊕ Veja mais sobre Sistemas de Recomendação à p. 125.

Desenvolvimento

Em cada recurso escrito, gravado, locutado, desenhado, programado, é preciso ter consciência de como os dados poderão ser coletados (por exemplo, o texto continua sendo uma das principais linguagens empregadas na aprendizagem on-line, tanto na apresentação de conteúdos como na produção dos alunos, também porque é rapidamente editável e pesquisável). No entanto, o tipo de escrita que se adapta ao novo mundo do Data Science tem mais a ver com ter a sensibilidade diante de como acontece o Processamento de Linguagem Natural. Alguém precisa escrever textos para **chatbots**, roteiros para podcasts e vídeos, *feedbacks* para *quizzes* etc.[15] É preciso saber realmente o que a tecnologia pode ou não fazer e também escrever um diálogo natural (na verdade, uma habilidade rara).

⊕ Veja mais sobre chatbots à p. 139.

Novos testes são feitos e os dados coletados desembocam em ajustes realizados até o lançamento formal da solução educacional, continuando mesmo depois que o sistema começa a coletar dados de alunos reais.

Implementação

Uma vez que a solução educacional é implantada, novas versões de algoritmos e modelos podem ser executadas e testadas em segundo plano, com novos dados coletados pelos alunos, para comparar com as versões lançadas. Isso acelera ainda mais a iteração do produto.

Avaliação

No DDLD, a avaliação é um processo contínuo, e não um estágio separado realizado pós-implementação. Uma série de avaliações instantâneas testa a eficácia do design instrucional proposto, bem como a aprendizagem dos alunos, possibilitando adaptações na exibição de recursos e/ou atividades e propondo novas rodadas de avaliação adaptativa. Além disso, dados são continuamente coletados sobre as novas versões da solução educacional para informar futuras versões.

Fonte: elaborado pela autora.

---

15 Sobre roteirização de recursos didáticos, veja: FILATRO, A. *Produção de conteúdos educacionais*. São Paulo: Saraiva, 2016.

Vale destacar aqui um contraponto à ideia do DDLD. Modelos de design instrucional emergentes incorporam estratégias de Design Thinking e de Design da Experiência de Aprendizagem para capturar aspectos "humanos" não identificados pelas estratégias orientadas a dados. Há que se equilibrar, então, a orientação a dados com abordagens mais integrativas e holísticas, orientadas a propósito e que seguem na esteira do design centrado no ser humano.[16]

1.7.2 Modelo de referência para o Design Instrucional Orientado a Dados

A adoção da abordagem orientada a dados no design instrucional enfatiza o poder dos métodos de Data Science para lidar com quantidades sem precedentes de dados coletados (Big Data) de alunos e professores em ambientes de aprendizagem distribuídos.

Uma forma de enfrentar esse desafio é considerar uma estrutura mais ampla que sistematize o processo de design instrucional utilizando Data Science, com mostra a Figura 1.2.

> ✚ Veja mais sobre Data Science na Introdução deste livro e sobre Big Data à p. 2.

---

16 Veja a esse respeito: CAVALCANTI, C. C.; FILATRO, A. *Design thinking na educação presencial, a distância e corporativa.* São Paulo: Saraiva, 2017; FILATRO, A. *DI 4.0 – inovação na educação corporativa.* São Paulo: Saraiva, 2019.

FIGURA 1.2 Componentes e relações de um modelo de Design Instrucional Orientado a Dados

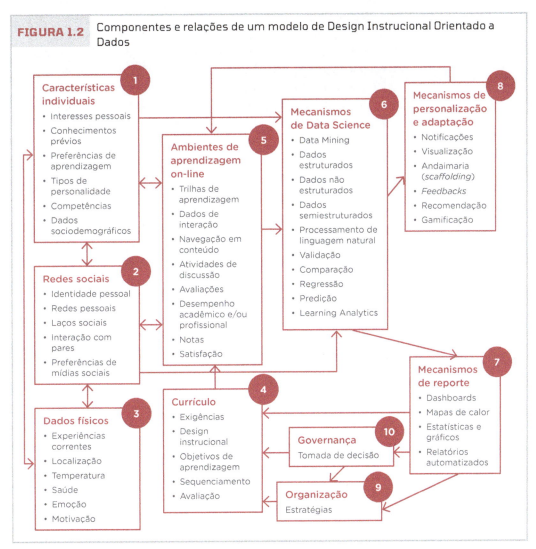

Fonte: adaptada de IFENTHALER; WIDANAPATHIRANA, 2014.

O modelo de DDLD combina dados diretamente vinculados a (1) características individuais das partes interessadas, sua interação com a (2) rede social e o (5) ambiente de aprendizagem on-line, bem como as (4) exigências curriculares. Além disso, os dados físicos de (3) fora do sistema educacional (sejam dados móveis ou de aprendizagem informal) são integrados. A (6) mineração e a analítica dos dados integrados são realizados por mecanismos multicamadas (7, 8) e devolvidos às partes interessadas, como à (10) governança ou à (9) organização, de maneira significativa.

As características individuais das (1) partes interessadas incluem informações sociodemográficas, preferências de aprendizagem e interesses pessoais, respostas a inventários de estilos ou tipos de personalidade, habilidades e competências demonstradas (por exemplo, fluência digital), conhecimentos prévios adquiridos e comprovado desempenho acadêmico e/ou profissional, bem como dados organizacionais (como taxas de inscrição e matrícula, aprovação, conclusão ou abandono, necessidades especiais).

As interações associadas à (2) rede social incluem preferências de ferramentas de mídia social (por exemplo, Twitter, Facebook, LinkedIn) e atividades de rede social (por exemplo, recursos vinculados, amizades, grupos de pares, identidade da web). Os dados físicos de (3) fora do sistema educacional são coletados por meio de vários sistemas, como **Learning Record Stores (LRSs)**, ou Armazéns de registros de aprendizagem, e sistemas de bibliotecas. Outros dados físicos podem incluir dados de sensor e localização de dispositivos móveis (por exemplo, local e hora do estudo) ou estados afetivos coletados por testes reativos (por exemplo, motivação, emoção, saúde, estresse, compromissos).

O (5) ambiente de aprendizagem on-line (ou seja, LMSs, **PLEs**, sites ou blogs de aprendizagem) fornece dados valiosos sobre as atividades das partes interessadas, os quais são principalmente numéricos (por exemplo, logon/logoff, visualização e/ou postagem de discussões, resultados de tarefas de avaliação, ou respostas a formulários e enquetes). Esses dados podem ser agregados para produzir trilhas de dados, como padrões de navegação ou preferências e percursos de aprendizado. Mais importante, informações semânticas e específicas ao contexto estão disponíveis em fóruns de discussão e em tarefas complexas de aprendizagem, como relatos escritos, Wikis ou postagens em blogs. Além disso, interações entre várias partes interessadas (por exemplo, aluno-aluno; aluno-professor; tutor--professor) são rastreadas.

⊕ Veja mais sobre Learning Record Stores (LRSs) à p. 90.

⊕ Veja mais sobre Learning Management Systems à p. 20 e Personal Learning Environments à p. 90.

Intimamente ligadas ao conteúdo e às atividades propostas no ambiente de aprendizagem on-line, as (4) informações curriculares incluem metadados de todos os recursos do ambiente de aprendizagem on-line. Esses metadados refletem o design instrucional (por exemplo, sequenciamento de materiais, atividades e avaliações) e os resultados esperados (por exemplo, competências específicas). Classificações de materiais, atividades e avaliações, bem como os dados de avaliação formativa e somativa, estão diretamente vinculados a currículos e partes interessadas.

Os dados estruturados e não estruturados de todos os sistemas são combinados e processados usando algoritmos adaptativos, nos chamados (6) mecanismos de Data Science. Os resultados do processo de mineração e analítica de dados são validados antes que outras análises sejam computadas. Abordagens de Data Science incluem métodos de Machine Learning supervisionados e não supervisionados, bem como métodos de **modelagem** linear e não linear, incluindo **redes neurais**, Processamento de Linguagem Natural, entre outras técnicas, que precisam estar intimamente ligadas aos fundamentos das teorias pedagógicas aplicadas.

➕ Veja mais sobre redes neurais à p. 123.

O (7) mecanismo de reporte usa os resultados do mecanismo de Data Science e os apresenta na forma de painéis interativos, mapas de calor, estatísticas e gráficos, bem como em relatórios automatizados, utilizados pelas partes interessadas específicas, como a (10) governança (por exemplo, para comparações entre instituições) e as (9) organizações específicas (por exemplo, para comparações, otimização da sequência de operações), incluindo *insights* e relatórios para designers instrucionais e professores.

O (8) mecanismo de personalização e adaptação usa os resultados do mecanismo de Data Science para *feedback* informativo em tempo real e andaimaria no (5) ambiente de aprendizagem on-line. Os elementos interativos incluem dicas e recomendações simples de aprendizagem (por exemplo, lembrete de prazos, links para outros materiais didáticos, interação social), visualizações personalizadas (por exemplo, percursos de aprendizagem atuais e previstos), além de suportes informativos para atividades e avaliações específicas de aprendizagem.

CAPÍTULO 2

DATA MINING

Data Mining (DM), ou Mineração de Dados, é um campo emergente de pesquisa e prática interdisciplinar, que combina análise estatística de dados, algumas técnicas de Inteligência Artificial (IA), reconhecimento de padrões e Visualização de Dados, voltado a identificar padrões e obter conhecimento de grande quantidade de dados (Big Data).

➕ **Veja mais sobre Visualização de Dados à p. 56.**

ORIGENS

O termo Data Mining foi introduzido na década de 1980, mas métodos iniciais de identificação de padrões em dados incluem o teorema de Bayes (1763) e a análise de regressão (1805). Outras descobertas na ciência da computação, como redes neurais (1943), **clusters** e algoritmos genéticos (anos 1950), árvores de decisão (anos 1960) e Support Vector Machine (SVM), ou Máquinas de Vetores de Suporte (anos 1990), aumentaram a capacidade de coleta, armazenamento e manipulação de dados.[1]

➕ Veja mais sobre clusters à p. 38.

Um processo típico de Mineração de Dados começa com dados brutos, passando por tratamento e modelagem, e chega aos resultados na descoberta de conhecimento, como mostra a Figura 2.1.

---

1   BUSINESS INTELLIGENCE WIKI. *A brief history of data mining*. Disponível em: https://sites.google.com/site/fsubiwiki/home/data-mining/history. Acesso em: 29 abr. 2020.

FIGURA 2.1 Processo típico de Data Mining

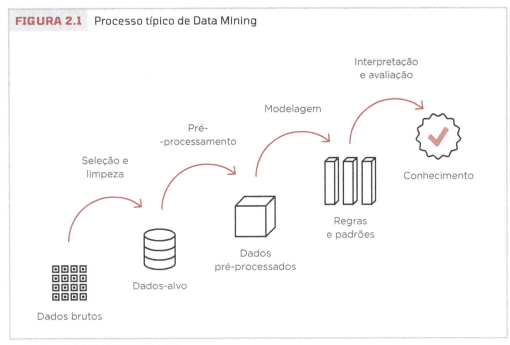

Fonte: adaptada de ZHANG; ROMAGNOLI, 2018.

O Data Mining pode ser visto como a etapa principal de um processo mais amplo, conhecido como Knowledge Discovery in Databases (KDD), ou Descoberta de Conhecimento em Bases de Dados. As etapas que antecedem e sucedem o KDD são o pré-processamento (ou seja, captação, organização e tratamento dos dados) e o pós-processamento dos resultados obtidos.

 Veja mais sobre KDD à p. 52.

 Para um exemplo de como o Data Mining funciona na prática, aponte seu aparelho para o QR Code ao lado e assista a um vídeo de 3 minutos sobre o tema.
https://www.youtube.com/watch?v=dWLOjvj1PJw

2.1 TÉCNICAS DE DATA MINING

Basicamente, dados podem ser transformados em conhecimento a partir da identificação de padrões e desvios nos padrões esperados, gerando informações que possam ser compreendidas rapidamente pelos usuários em uma possível tomada de decisão.

Para isso, são utilizadas diversas técnicas, como classificação, regressão, combinação por similaridade, perfilamento, redução de dados e modelagem causal, entre outras.

Preparamos um Box especial com as principais técnicas de Mineração de Dados que possibilitam a transformação de dados em conhecimento. Veja a seguir uma seção especial sobre o tema.[2]

---

2 Adaptado de PROVOST, F.; FAWCETT, T. *Data Science para negócios*: o que você precisa saber sobre mineração de dados e pensamento analítico de dados. Edição Kindle. Rio de Janeiro: Alta Books, 2016; VIANNA, Y. *et al. Design driven data science*: integrando design thinking com aprendizado de máquina para soluções em negócios. Curitiba: MJV Tecnologia e Inovação, 2019; FILATRO, A. *Learning analytics*: análise e desempenho do ensino e aprendizagem. São Paulo: Senac, 2019.

PRINCIPAIS TÉCNICAS DE DATA MINING

Classificação

De forma simplificada, o ato de classificar é uma tarefa básica humana que aprendemos desde o nascimento (por exemplo, no momento em que um bebê identifica sua mãe e sorri, ele está realizando um processo de classificação do tipo binário: separando "mãe" do que é "não mãe").

A técnica de classificação busca explicar ou prever, para cada objeto de um grupo (ou população), a que classe esse objeto pertence. Basicamente, o processo de classificação visa a identificar características presentes nos dados, possibilitando melhor aproximação de determinada classe. A cada novo objeto analisado, o processo de Mineração de Dados determina a qual classe esse objeto pertence.

Um exemplo de pergunta de classificação aplicada ao campo educacional seria: "Entre todos os alunos de determinado programa, quais são propensos a abandonar os estudos na primeira semana de aulas?". Nesse exemplo, as duas classes poderiam ser chamadas de "propensão ao abandono" e "propensão à permanência", como mostra a figura a seguir.

Representação gráfica da técnica de classificação

Fonte: elaborada pela autora.

Em muitos problemas de tomada de decisão, porém, é necessária não apenas uma previsão de classe, mas uma pontuação que represente a probabilidade de um indivíduo pertencer a essa classe. Assim, uma tarefa relacionada à classificação é a **estimativa de probabilidade de classe**. No exemplo anterior, seria importante calcular a probabilidade de cada aluno abandonar ou permanecer nos estudos na primeira semana de aulas. Essa estimativa torna mais precisa a tomada de decisão do que se fosse aplicada apenas a classificação abandono x permanência.

Regressão linear

A **regressão linear** é uma ferramenta estatística usada para investigar a relação entre dois ou mais fenômenos(por exemplo, a conexão entre a quantidade de horas de estudo de um aluno e sua nota no final do semestre).

O objetivo é entender as relações de dependência entre duas ou mais variáveis, a fim de construir modelos que permitam prever o comportamento de uma variável conhecendo os valores de outra(s) variável(is).

A relação entre as variáveis é representada por um modelo matemático que associa a variável dependente às variáveis independentes.

O modelo é chamado de **regressão linear simples** quando define uma relação linear entre a variável dependente e a variável independente (por exemplo, a relação entre desempenho escolar e renda familiar; ou entre idade dos alunos e número de dependências em cursos de graduação; ou entre tempo de casa de um funcionário e horas de capacitação concluídas).

Se, em vez de uma, forem incorporadas várias variáveis independentes, o modelo passa a ser de **regressão linear múltipla ou multivariada** (por exemplo, o tempo de conclusão de um curso a distância relacionado ao tipo de dispositivo acessado, à sequência de recursos acessados e à frequência de acessos).

A partir dos dados coletados, constrói-se um **diagrama de dispersão** que permite verificar se existe um relacionamento linear entre as variáveis e se o grau de relacionamento linear entre as variáveis é forte ou fraco, conforme o modo como os pontos são distribuídos ao redor de uma reta imaginária. Quanto maior for a correlação entre as variáveis, mais próxima de uma reta será a distribuição, como mostra o gráfico a seguir.

➕ Veja mais sobre o diagrama de dispersão à p. 40.

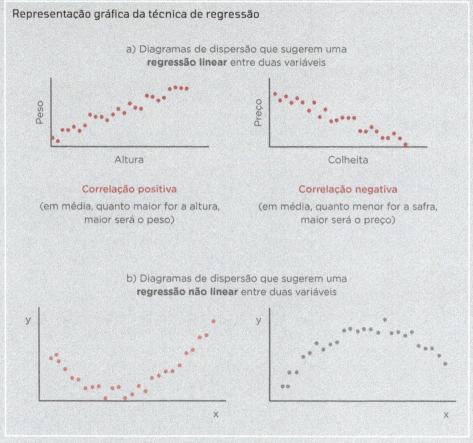

Fonte: adaptado de MORETTIN; BUSSAB, 2017.

A análise de regressão cria uma linha que melhor sumariza a distribuição desses pontos. As distâncias entre a linha encontrada pelo algoritmo de regressão e os pontos mostrados no gráfico, também chamadas de **erros** ou **resíduos**, são um indicador de quão forte é a relação entre as duas variáveis estudadas.

No entanto, por maior que seja a correlação entre dois ou mais fenômenos, isso não necessariamente confirma que a existência de um deles invariavelmente acarreta a ocorrência do outro (por exemplo, um aluno determinado pode tirar notas excelentes com poucas horas de estudo graças a uma habilidade inerente à sua personalidade).

Assim, o pensamento crítico sobre os dados e um conhecimento especializado sobre o assunto tratado continuam sendo necessários para confirmar uma relação de causa e efeito em diversos campos de estudo.

Clusterização

Cluster (conglomerado) é um conjunto de objetos com características comuns que os identificam (por exemplo, pessoas com interesses parecidos ou alunos com estilo de aprendizagem similar).[3]

A técnica de clusterização busca identificar dados similares entre si e os aproxima com o objetivo de sugerir objetos que podem ser analisados segundo uma possível característica comum (por exemplo, mesmo sem ser um ornitólogo, por meio da análise de clusters é possível separar por espécie uma coleção de fotos de pássaros, dependendo de sugestões como cor de penas, tamanho ou formato do bico). Assim funciona a clusterização: o modelo procura dados semelhantes entre si e os aproxima .

A análise de clusters difere da classificação de dados porque busca associar um item com um ou vários clusters utilizando medidas de similaridade, e não rótulos de classificação predefinidos. Quanto maior for a homogeneidade dentro de um grupo e quanto maior for a diferença entre grupos, melhor será o cluster identificado.

Há formas distintas de representar os clusters, algumas das quais são apresentadas na figura a seguir.

---

3   O termo **cluster** também é usado para designar uma concentração de empresas que possuem características semelhantes, coabitam o mesmo local e colaboram entre si, tornando-se assim mais eficientes. Vale do Silício, na Califórnia (Estados Unidos), onde se concentra grande número de empresas de tecnologia e inovação, e Porto Digital, no Recife, um dos principais parques tecnológicos do Brasil, são exemplos de clusters.

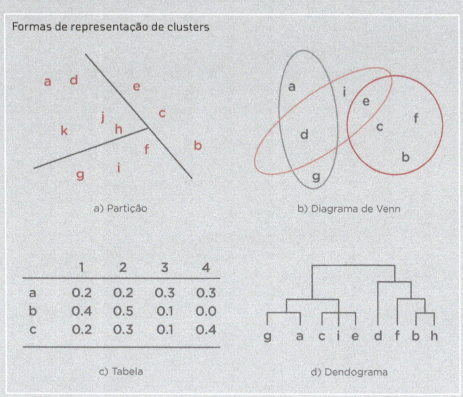

Formas de representação de clusters

a) Partição
b) Diagrama de Venn
c) Tabela
d) Dendograma

Fonte: adaptada de LINDEN, 2009.

Combinação por similaridade

A **combinação por similaridade** busca identificar objetos semelhantes com base nos dados conhecidos sobre eles. É a base de um dos métodos mais populares para fazer **recomendações** a partir da identificação de pessoas semelhantes a um indivíduo em termos de produtos ou serviços que tenham gostado ou adquirido.

Medidas de similaridade são a base para tarefas de Mineração de Dados, como a clusterização.

⊕ Veja mais sobre sistemas de recomendação à p. 125.

Detecção de anomalias

Um problema comum na análise de conjuntos de dados é identificar quais amostras se destacam, não por sua similaridade, mas por sua dissimilaridade com relação ao conjunto.

Essa dissimilaridade pode indicar um problema na coleta de dados ou algum tipo de evento raro (por exemplo, uma fraude bancária ou mau funcionamento em equipamentos industriais).

Uma das formas mais comuns de identificar **anomalias** (*outliers*) é por meio da análise visual do diagrama de dispersão. Entretanto, conforme o número de variáveis aumenta, torna-se inviável encontrar anomalias no conjunto de dados apenas pela inspeção visual de gráficos.

Técnicas de **aprendizado não supervisionado** e análise estatística multivariada ajudam a identificar anomalias em conjuntos de dados de maneira a exigir menos esforço de visualização e evitar a criação de alarmes falsos e a perda de eventos importantes.

Um exemplo de detecção de anomalias pode ser visto no gráfico a seguir, o qual apresenta falhas de acesso a um ambiente digital de aprendizagem. Os valores identificados mostram um desvio do comportamento natural em relação ao comportamento esperado, indicando que pode ter havido falha nos equipamentos, período de queda de energia ou erro operacional, possibilidades que devem ser analisadas para evitar que o problema volte a ocorrer.

➕ Veja mais sobre aprendizado não supervisionado à p. 120.

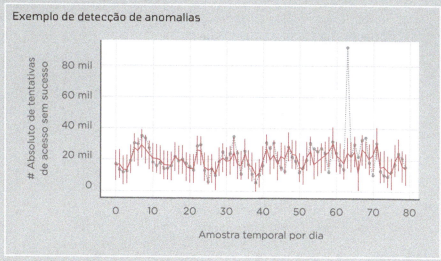

Fonte: VIANNA et al., 2019.

Mineração de relacionamentos

A **mineração de relacionamentos** refere-se ao processo de descobrir relações em um conjunto de dados com grande número de variáveis, o que implica descobrir quais variáveis estão mais fortemente associadas a uma variável específica de interesse particular. A técnica também mede a força dos relacionamentos entre diferentes variáveis.

Regras de associação IF-THEN (SE-ENTÃO) são o método mais utilizado para isso (por exemplo, "SE a nota do ENEM de um aluno for menor que X e o aluno trabalhar enquanto estuda na faculdade, ENTÃO ele provavelmente abandonará o curso").

O principal objetivo da mineração de relacionamento é, portanto, determinar se um evento causa ou não outro evento, estudando a cobertura dos dois eventos nos dados.[4]

---

[4] ALGARNI, A. Data mining in education. *International Journal of Advanced Computer Science and Applications*, v. 7, n. 6, 2016. Disponível em: https://www.researchgate.net/publication/304808426_Data_Mining_in_Education. Acesso em: 29 abr. 2020.

Destilação de dados para julgamento humano

A **destilação de dados para julgamento humano** visa, basicamente, a tornar os dados compreensíveis, apresentando-os por meio de interfaces interativas e técnicas de visualização de dados que ajudam o cérebro humano a descobrir novos conhecimentos.

> Veja mais sobre Visualização de Dados à p. 56.

A destilação de dados para julgamento humano é aplicada em dados educacionais com dois propósitos:

1. **Classificação**: etapa de preparação para a construção de **modelos preditivos**.

> Veja mais sobre modelos preditivos à p. 20.

2. **Identificação**: dados facilmente identificáveis por meio de padrões conhecidos que não podem ser formalizados.[5]

Redução de dimensionalidade

A redução de dados substitui um conjunto de dados por um conjunto menor que contém grande parte das informações importantes do conjunto maior. Pode ser mais fácil lidar ou processar um conjunto menor de dados. Além do mais, pode-se revelar melhor as informações.

Em geral, a **redução de dimensionalidade** é aplicada em uma etapa de pós-processamento sobre as variáveis já preparadas para serem utilizadas nos modelos.

Dependendo da dimensão do conjunto de dados, realizar esse processo manualmente pode ser custoso ou mesmo inviável. Nesse caso, há modelos de redução de dimensionalidade que podem ser utilizados.

A técnica geralmente envolve perda de informação, razão pela qual um fator importante é a escolha de quais dados serão representados. Assim, boa parte do esforço se concentra no teste de diferentes técnicas de pré-processamento.

---

5   ALGARNI, 2016.

Perfilamento

O **perfilamento** (também conhecido como **descrição de comportamento**) procura caracterizar o comportamento típico de um indivíduo, grupo ou população. Um exemplo de pergunta de perfilamento seria: "Qual é o uso típico do ambiente digital de aprendizagem por um grupo específico de alunos?".

Traçar o perfil de uso do ambiente de aprendizagem pode exigir uma descrição complexa dos dados de acesso durante os diferentes períodos do dia e da noite, ao longo da semana e nos finais de semana, com o tipo de recurso acessado e o tipo de conteúdo produzido, e assim por diante. O comportamento pode ser descrito de forma geral, para uma população inteira, ao nível de pequenos grupos ou mesmo no âmbito individual.

O perfilamento muitas vezes é usado para estabelecer normas de comportamento para aplicações de detecção de anomalias.

Além disso, por meio da **predição de vínculo**, a técnica de perfilamento procura mapear ligações entre itens de dados, sugerindo, geralmente, que um vínculo deveria existir e, em alguns casos, estimando sua força. A predição de vínculo é comumente aplicada nas redes sociais para comparar seguidores de um e outro usuário, bem como para sugerir novos vínculos.

Modelagem causal

A **modelagem causal** procura compreender quais acontecimentos ou ações realmente influenciam pessoas. Por exemplo: suponha que tenhamos usado modelos preditivos para identificar e notificar alunos com baixa frequência em um curso on-line, e, após a notificação, observamos aumento da frequência. Essa mudança aconteceu porque as notificações influenciaram os alunos ou eles teriam aumentado a frequência de qualquer forma ao longo do curso?

Técnicas de modelagem causal envolvem um investimento substancial em dados, o que pode ser feito por meio de experimentos randomizados controlados, como os **testes A/B**, usados para isolar variáveis, comparando duas versões diferentes de um mesmo produto ou sistema (por exemplo, no caso da educação, versões diferentes de uma mesma proposta de curso) e atribuindo aleatoriamente usuários a uma ou à outra versão.

Análise de Redes Sociais

Social Network Analysis (SNA), ou Análise de Redes Sociais, tem por objetivo examinar a estrutura dos relacionamentos entre entidades sociais – pessoas, grupos sociais, organizações políticas, redes financeiras, residentes de uma comunidade, cidadãos de um país e assim por diante.

O tipo de conexão entre os pares define a natureza de cada rede social (por exemplo, diferentes tipos de vínculos incluem afiliação, amizade, profissional, interação comportamental ou compartilhamento de informações).

A Análise de Redes Sociais considera as pessoas como nós de uma rede e o relacionamento entre indivíduos como conexões entre esses nós. O objetivo é determinar e entender os relacionamentos entre entidades em um ambiente de rede, como fóruns de discussão, e-mails ou mídias sociais.

Os métodos padrão de Análise de Redes Sociais permitem quantificar a importância dos atores por diferentes tipos de "medidas de centralidade" e detectar grupos de atores conectados mais densamente entre si do que a média, como exemplifica a figura a seguir.

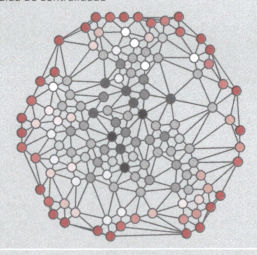

Representação gráfica da Análise de Redes Sociais, com destaque para a medida de centralidade

Legenda: a escala de matiz (de vinho = 0 a cinza escuro = máximo) indica a medida de centralidade de cada nó na rede.
Fonte: adaptada de ROCCHINI, 2007.

Várias técnicas surgiram recentemente para extrair informações da estrutura das redes sociais, como mostra a seguir o quadro ilustrado.

Técnicas para extração da estrutura das redes sociais

Técnica	Descrição
Detecção da comunidade (ou Descoberta da comunidade)	Extrai comunidades implícitas em uma rede, considerando que comunidade se refere a uma sub-rede de usuários que interagem mais amplamente entre si do que com o restante da rede. Facilita a descoberta de padrões comportamentais e a previsão de propriedades emergentes da rede. Assemelha-se à clusterização, técnica de Mineração de Dados usada para separar um conjunto de dados em subconjuntos separados com base na similaridade entre os pontos.
Análise de influência social	Modela e avalia a influência de atores e conexões em uma rede social, quantificando a força das conexões e descobrindo os padrões de difusão de influência em uma rede.
Predição de vínculo	Busca entender e prever a dinâmica de vínculos futuros entre os nós existentes em uma rede. No contexto das mídias sociais, a principal aplicação está no desenvolvimento de sistemas de recomendação, como "Pessoas que Você Talvez Conheça" do Facebook ou "Recomendado para Você" do YouTube, além dos mecanismos de recomendação da Netflix e da Amazon.

Fonte: adaptado de GANDOMI; HAIDER, 2015.

Na educação, a Análise de Redes Sociais pode ser usada para detectar e entender a interação dos alunos com determinadas ferramentas de comunicação, bem como para captar as contribuições de cada membro em projetos colaborativos, além de trazer informações sobre a centralidade dos nós, ou seja, quais alunos da rede tiveram o papel mais significativo na conexão com outros estudantes.

Uma limitação inerente à Análise de Redes Sociais é agregar dados em determinada janela de tempo, sem representar a dinâmica temporal subjacente (ou seja, padrões de interação). Para abordar explicitamente os efeitos dependentes do tempo, as técnicas de Análise de Redes Sociais foram estendidas a fim de considerar séries temporais em abordagens dinâmicas.

Vale lembrar que a Análise de Redes Sociais tem um papel central nas ciências sociais, e muitas das ferramentas matemáticas e estatísticas usadas para estudar as redes foram desenvolvidas originalmente na sociologia.

Por essa razão, é necessário fazer uma distinção entre as **redes sociais** (independentes de suporte digital) e as **mídias sociais**, tais como o Facebook, o Twitter, o antigo Orkut etc. Uma rede social está relacionada à percepção de um grupo quanto à sua estrutura subjacente (geralmente oculta), enquanto as mídias sociais digitais são capazes de publicizar e influenciar essas estruturas sociais. Ou seja, uma mídia social como o Facebook, por si só, não representa uma rede social. É o modo de apropriação e o uso que as pessoas fazem dele (muitas vezes, diferente do previsto na ferramenta) que revela a rede social existente.[6]

> ➕ Veja mais sobre Analítica de Mídias Sociais à p. 77.

A despeito dessa distinção, as mídias sociais digitais têm um papel fundamental na realização de experimentos em larga escala sobre fenômenos sociais. Vale destacar o estudo conduzido por pesquisadores do Facebook para determinar se o humor dos usuários pode ser manipulado por estratégias de mídias sociais, com a consequente descoberta de que, sim, isso pode ser feito.[7] Embora o estudo tenha levantado questões importantes sobre privacidade e as implicações éticas da realização de experimentos sem consentimento informado, o ponto amplo a destacar é o estabelecimento de um meio para desenvolver teorias em ciências sociais, da saúde, urbanas e outras ciências por meio de experimentação massiva.

---

6   RECUERO, R. *Introdução à análise de redes sociais online*. Salvador: EDUFBA, 2017. Disponível em: http://repositorio.ufba.br/ri/handle/ri/24759. Acesso em: 29 abr. 2020.

7   KRAMER, A. D. I.; GUILLORY, J. I.; HANCOCK, J. T. Experimental evidence of massive-scale emotional contagion through social networks. *Proceedings of the National Academy of Sciences of the United States of America*, n. 111, v. 24, p. 8788-8790, 17 jun. 2014. O estudo descobriu que, ao manipular os *feeds* de notícias exibidos para quase 700 mil usuários do Facebook, isso poderia afetar o conteúdo postado por esses mesmos usuários. Mais *feeds* de notícias negativas levaram a mais mensagens de *status* negativas, enquanto mais *feeds* de notícias positivas levaram a *status* positivos. O estudo demonstrou que estados emocionais podem ser transferidos para outras pessoas por meio de "contágio emocional", levando pessoas de uma rede social a experimentar as mesmas emoções sem ter consciência disso.

2.2 EDUCATIONAL DATA MINING (EDM)

O **Educational Data Mining (EDM)**, ou Mineração de Dados Educacionais, é "uma disciplina emergente, preocupada em desenvolver métodos para explorar tipos únicos de dados provenientes de ambientes educacionais e usar esses métodos para entender melhor os alunos e os ambientes em que eles aprendem".[8]

Isso se dá pelo desenvolvimento ou adaptação de métodos e algoritmos de Mineração de Dados existentes, para que se prestem a compreender melhor os dados produzidos principalmente por alunos e professores em contextos de ensino-aprendizagem.

ORIGENS

O primeiro workshop sobre Mineração de Dados Educacionais foi realizado em 2005, em Pittsburgh, nos Estados Unidos.[9] No mesmo ano, foi publicado o livro intitulado *Data Mining in E-Learning*.[10] Seguiram-se outros workshops, até ocorrer, em 2008, a 1ª Conferência Internacional sobre Mineração de Dados Educacionais, realizada em Montreal, no Canadá.[11] Nos anos seguintes, foram lançados o *Journal of Educational Data Mining* (JEDM)[12] e depois o primeiro *Handbook of Educational Data Mining*.[13] Em 2011, ocorreu a criação da International Educational Data Mining Society (IEDMS), ou Sociedade Internacional de Mineração de Dados Educacionais.[14]

---

8   SIEMENS, G.; BAKER, R. Learning analytics and educational data mining: towards communication and collaboration. *Proceedings of the 2nd International Conference on Learning and Analytics and Knowledge*. New York: ACM, 2012. Disponível em: https://www.researchgate. net/publication/254462827_Learning_analytics_and_educational_data_mining_Towards_ communication_and_collaboration. Acesso em: 29 abr. 2020.

9   BECK, J. E. *Educational data mining*. California: The AAAI Press, 2005. Disponível em: https://www. aaai.org/Library/Workshops/ws05-02.php. Acesso em: 29 abr. 2020.

10 MORALES, C. R.; VENTURA, S. *Data mining e-learning*. Cordoba: Universidad de Cordoba, 2005. Disponível em: https://www.witpress.com/books/978-1-84564-152-8. Acesso em: 29 abr. 2020.

11 EDM'08. 1st International Conference on Educational Data Mining. *Educational Data Mining*, 2008. Disponível em: http://educationaldatamining.org/EDM2008/. Acesso em: 29 abr. 2020.

12 BERENS, J. *et al*. Educational data mining. *Journal of Educational Data Mining*, v. 11, n. 3, 2019. Disponível em: http://jedm.educationaldatamining.org/index.php/JEDM. Acesso em: 29 abr. 2020.

13 ROMERO, C. *et al*. Handbook of educational data mining. *Research Gate*, 2010. Disponível em: https://www.researchgate.net/publication/229860240_Handbook_of_Educational_Data_Mining. Acesso em: 29 abr. 2020.

14 EDUCATIONAL DATA MINING. Disponível em: https://educationaldatamining.org/. Acesso em: 29 abr. 2020.

A Mineração de Dados Educacionais utiliza vários métodos de Data Mining para converter dados brutos de sistemas digitais de aprendizagem em informações úteis que podem impactar a prática e a pesquisa educacionais. Alguns dos métodos mais usados são a clusterização, a mineração de relacionamentos, a mineração de texto, a mineração de processos e a Análise de Redes Sociais, entre outros.

➕ Veja mais sobre clusterização à p. 38 e Análise de Redes Sociais à p. 77.

 Para saber como o Educational Data Mining é aplicado na formação de professores, aponte seu aparelho para o QR Code ao lado e assista a um vídeo publicado pelo Teachers College da Columbia University.
https://www.youtube.com/watch?v=VzwsLKEVCek

2.2.1 Processo de Mineração de Dados Educacionais

O processo de Mineração de Dados Educacionais guarda estreita semelhança com o processo de Data Science em geral: inicia-se pela compreensão do problema em questão até chegar à implementação de modelos preditivos para colocar em uso os resultados do Data Mining, como mostra a Figura 2.2.

FIGURA 2.2 Etapas do processo de Mineração de Dados Educacionais

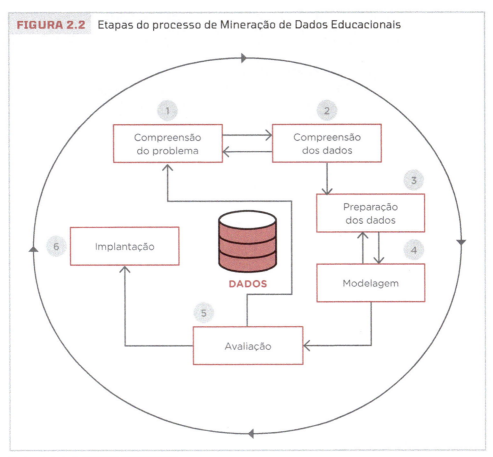

Fonte: adaptada de PROVOST; FAWCETT, 2016.

Veja, mais detalhadamente, o passo a passo do processo de Mineração de Dados Educacionais no Quadro 2.1.

> **Quadro 2.1** Passo a passo do processo de Mineração de Dados Educacionais
>
> **Etapa 1 Compreensão do problema**
>
> Inicialmente, é vital compreender o problema a ser resolvido. Isso pode parecer óbvio, mas projetos educacionais raramente vêm pré-moldados com problemas claros e inequívocos de Mineração de Dados. Muitas vezes, formular um problema criativo ou reformular o problema e projetar uma solução é um processo repetitivo de descoberta.
>
> **Etapa 2 Compreensão dos dados**
>
> Se a solução de um problema educacional é o objetivo, os dados compreendem a matéria-prima a partir da qual a solução será construída. É importante entender os pontos fortes e as limitações dos dados porque raramente há uma correspondência exata com o problema. Os dados históricos, muitas vezes, são coletados para fins não relacionados com o problema atual ou sem nenhum propósito explícito.
>
> A base de dados dos alunos que prestaram exame seletivo, a base de dados de transações dos alunos no sistema de gerenciamento de aprendizagem e a base de dados de cadastro de professores podem conter informações diferentes, abranger diferentes populações que se cruzam e ter graus variados de confiabilidade. Também é comum que os custos dos dados variem: alguns estão disponíveis praticamente de graça, enquanto outros exigem bastante esforço para serem obtidos. Alguns dados podem ser adquiridos de fornecedores externos ou parceiros. Outros simplesmente não existem e exigirão projetos auxiliares para organizar sua coleta.
>
> **Etapa 3 Preparação dos dados**
>
> As tecnologias analíticas são poderosas, mas impõem determinados requisitos sobre os dados. Com frequência, requerem que os dados sejam manipulados e convertidos em determinados formatos para que sejam obtidos melhores resultados.
>
> Esta etapa, dependendo das características dos dados, pode exigir um investimento significativo, não sendo incomum tomar mais de 50% dos esforços de um projeto.
>
> Algumas técnicas de Mineração de Dados são projetadas para dados simbólicos e categóricos, enquanto outras lidam apenas com valores numéricos. Além disso, valores numéricos devem, muitas vezes, ser normalizados ou dimensionados de modo que sejam comparáveis.
>
> Um exemplo típico de preparação dos dados é sua conversão para o formato tabular, removendo ou inferindo valores ausentes, e convertendo dados para diferentes tipos.
>
> **Etapa 4 Modelagem**
>
> É na etapa de **modelagem** que as técnicas e os algoritmos de Mineração de Dados são realmente aplicados. O resultado é algum tipo de modelo ou padrão que captura regularidades nos dados.
>
> São inúmeras as técnicas e abordagens possíveis nesta etapa, e é comum comparar vários modelos com técnicas diferentes para avaliar qual apresenta resultado melhor. O desafio aqui é transformar um modelo imperfeito por natureza em um modelo aceitável para resolver o problema em questão.
>
> ⊕ Veja mais sobre a modelagem no Data Science, e especialmente sobre o que são modelos, à p. 20.

Etapa 5 Avaliação

O objetivo da etapa de avaliação é estimar os resultados de Mineração de Dados de forma rigorosa, válida e confiável antes de avançar, uma vez que, em qualquer conjunto de dados, podemos encontrar uma série de padrões, mas nem todos sobrevivem a um exame minucioso. É necessário que os modelos e padrões extraídos dos dados sejam testados em um ambiente controlado para confirmar que são regularidades, de fato, e não apenas idiossincrasias ou anomalias.

A etapa de avaliação também ajuda a garantir que o modelo satisfaça os objetivos originais, ou seja, apoie a tomada de decisão com foco no problema educacional a partir do qual iniciamos o processo.

Etapa 6 Implantação

Na implantação, os resultados da Mineração de Dados são colocados em uso. Isso envolve a implementação de algum modelo preditivo em um sistema de informação ou processo de negócio.

⊕ **Ver mais sobre modelos preditivos à p. 20.**

No campo educacional, um modelo para prever a probabilidade de evasão poderia ser integrado ao processo de ensino-aprendizagem por meio dos Learning Management Systems (LMSs), ou Sistemas de Gerenciamento de Aprendizagem, programando o envio automático de mensagens especiais para os alunos que se prevê que estarão em risco.

Fonte: elaborado pela autora.

2.3 KNOWLEDGE DISCOVERY IN DATABASES (KDD)

Knowledge Discovery in Databases (KDD), ou Descoberta de Conhecimento em Bases de Dados, é um processo que permite identificar, a partir de dados, padrões que sejam válidos, novos, potencialmente úteis e compreensíveis. Desse processamento de dados deve, então, resultar algum benefício que possa ser compreendido pelas pessoas para apoiar uma possível tomada de decisão baseada em conhecimentos explícitos resultantes.

ORIGENS

Em 1989 foi organizado o primeiro workshop sobre KDD, como parte da 11º International Joint Conference on Artificial Intelligence,[15] realizada em Detroit, Estados Unidos. Em 1991, Gregory Piatetsky-Shapiro e William Frawley publicaram o *Knowledge Discovery in Databases*[16] e, em 1993, foi lançado o boletim informativo *Knowledge Discovery Nuggets* (*KDnuggets*) que até hoje conecta pesquisadores da área.[17]

A expressão Knowledge Discovery in Databates (KDD) é empregada por alguns autores como sinônimo de Data Mining. Entretanto, em outros, podemos encontrar Descoberta de Conhecimento em Bancos de Dados como um processo mais amplo, do qual a Mineração de Dados faz parte.

Interessa-nos aqui traçar um paralelo com o processo de construção de conhecimento pelos seres humanos, como mostra a seção a seguir.

---

15 IJCAII. International Joint Conferences on Artificial Intelligence Organization. *Proceedings of the Eleventh International Joint Conference*. 1989. Disponível em: https://www.ijcai.org/Proceedings/1989-1. Acesso em: 29 abr. 2020.
16 AMERICAN ASSOCIATION FOR ARTIFICIAL INTELLIGENCE (AAAI PRESS). Disponível em: https://www.aaai.org/. Acesso em: 29 abr. 2020.
17 KDNUGGETS. Disponível em: https://www.kdnuggets.com/. Acesso em: 29 abr. 2020.

2.3.1 Modelo DIKW: dos dados à sabedoria

Uma tentativa de conferir uma base teórica para a análise de Big Data é o modelo DIKW, abreviatura para Data, Information, Knowledge e Wisdom, ou dado, informação, conhecimento e sabedoria, introduzido por Russel Ackoff.[18]

O modelo DIKW é representado classicamente por uma **pirâmide hierárquica**, com uma base muito grande de dados brutos, os quais, indo para o topo, estão sujeitos a um processo de agregação-contextualização (informações) e teste de aplicações em diferentes domínios (conhecimento). No topo da pirâmide, a sabedoria assume um nível de conhecimento que está além do escopo de uma aplicação específica. Como esses estados cognitivos estão conectados de maneira hierárquica, assume-se que pode haver uma transição suave entre eles, de baixo para cima.

A Figura 2.3 apresenta o mesmo modelo, mas sobrepondo diamantes para dar a ideia de que a sabedoria pode ser alcançada por um processo que vai da contextualização dos dados à atribuição de significados às informações, para desembocar na geração de *insights* e na tomada de decisão. A Figura 2.3 também relaciona os Sistemas de Informação com os diferentes estados cognitivos do modelo.

---

18   ACKOFF, R. L. From data to wisdom. *Journal of Applied Systems Analysis*, n. 16, p. 3-9, 1989.

FIGURA 2.3 O modelo DIKW estendido para abarcar Sistemas de Informação

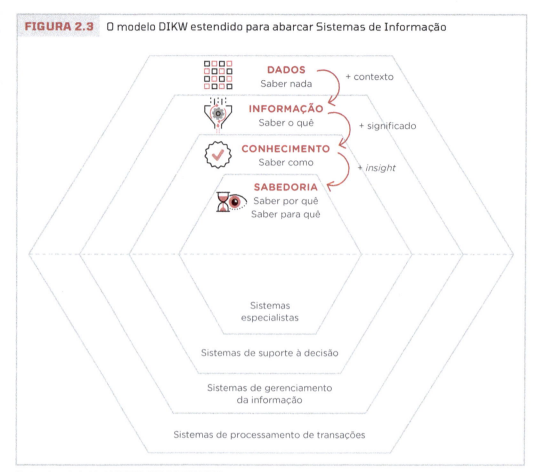

Fonte: adaptada de BALDASSARRE, 2016; ROWLEY, 2007.

O Quadro 2.2 explicita as relações entre os estados cognitivos humanos e as capacidades dos sistemas computacionais.

Quadro 2.2 Detalhamento da pirâmide DIKW para os sistemas computacionais

Estado cognitivo	Descrição	Sistema computacional	Descrição
Dados	Resultam de uma observação relativamente precisa e podem ou não ser inspirados por um problema a ser resolvido. Compreendem fatos objetivos, sinais e números, e não precisam de relacionamentos com outros elementos para existir. No entanto, considerados individualmente, não comunicam nada e não contêm nenhum significado. Os dados são percebidos pelos sentidos (ou por sensores, no caso de sistemas computacionais), mas não têm valor intrínseco até que sejam colocados em contexto.	Transaction Processing System (TPS), ou Sistemas de Processamento de Transação.	Coletam e armazenam dados sobre transações realizadas no nível operacional de um negócio ou setor. Uma transação é qualquer operação de rotina necessária para conduzir um processo (por exemplo, matrículas, cadastro de alunos, sistema de reservas em bibliotecas, folha de pagamento de professores. Esse tipo de sistema é o principal produtor de dados para os outros tipos de sistema.
Informações	As informações são deduzidas dos dados e lhes conferem significado. A partir da escolha pessoal, os dados são colocados em um contexto, a partir do qual se consideram algumas premissas e se fazem inferências, construindo então conclusões. Essas conclusões são chamadas de informações, mas só se tornam conhecimento se estiverem relacionadas aos conhecimentos e experiências de uma pessoa.	Sistemas de gerenciamento da informação	Processam grandes volumes de dados e geram informações com determinado objetivo dentro de um contexto definido. Buscam a integração das informações e sua rápida disponibilização. Inclui *inputs* (como dados e instruções de outros sistemas) e *outputs* (como relatórios e cálculos). A saída gerada tem características mais gerenciais, como é o caso do Student Information Systems (SIS), ou Sistemas de Informação do Aluno.
Conhecimento	Combinação de dados e informações, aos quais se acrescenta significado, compondo a competência e a experiência de especialistas, para criar um ativo valioso que possa ser usado para auxiliar na tomada de decisões.	Decision Support Systems (DSS), ou Sistemas de Suporte à Decisão.	Softwares interativos que apoiam a tomada de decisão a partir da compilação de informações úteis extraídas de dados, documentos, conhecimento pessoal e/ou modelos de negócio.
Sabedoria	Algo imaterial e intangível que envolve o julgamento e a capacidade de agregar valor. É única e pessoal. Vai além dos conceitos de informação e conhecimento quando assimilados e transformados em experiência individual. A sabedoria acompanha o conhecimento e nos permite fazer as melhores escolhas.	Expert Systems, ou Sistemas Especialistas.	Programa de computador que simula a opinião e o comportamento de um ser humano ou de uma organização em uma área particular. Em geral, contém uma base de conhecimento com experiência acumulada e um conjunto de regras para tomada de decisão em cada situação particular descrita para o programa. Entre os sistemas especialistas mais sofisticados estão aqueles que jogam xadrez e que auxiliam em diagnósticos médicos.

Fonte: adaptado de BALDASSARRE, 2016; ROWLEY, 2007; THING, 2003.

2.4 VISUALIZAÇÃO DE DADOS

A **visualização de dados** (informalmente conhecida como *data viz*,[19] do inglês *data visualization*) é uma das técnicas mais amplamente usadas para ajudar as pessoas a entender grandes quantidades de informações numéricas.

Como o ser humano consegue absorver e entender mais rapidamente informações representadas de forma gráfica, sempre que é preciso sumarizar grandes quantidades de dados numéricos, procuram-se utilizar histogramas, gráficos ou outros mecanismos de apresentação de síntese visual.

Porém, quando muitas das informações apresentadas encontram-se em espaços de altas dimensões, ou mesmo em espaços adimensionais (por exemplo, conjuntos de palavras), essas técnicas de visualização tradicionais não são adequadas. Daí o surgimento de uma série de novas técnicas para apresentar uma miríade de novos tipos de dados não estruturados e semiestruturados, tais como **nuvem de palavras** e **grafos**, entre outros.

> ➕ Veja mais sobre dados não estruturados e semiestruturados à p. 6.

As ferramentas de visualização existentes para Data Science permitem navegar sobre estruturas de dados complexas, gerar vistas iniciais e apresentar os resultados de análises solicitadas pelos usuários. Para isso, as principais características da visualização de dados são:

➔ desenhada por um ser humano, mas projetada algoritmicamente por software (pode conter certa personalização, mas em sua maior parte passa pelo processo de **renderização** com a ajuda de métodos computadorizados);

➔ fácil de atualizar com dados novos ou diferentes (a mesma forma pode ser reaproveitada para representar conjuntos de dados diferentes com dimensões ou características semelhantes);

➔ em geral, esteticamente estéril (os dados não são "decorados") e relativamente rica em dados (grandes volumes de dados são bem-vindos e viáveis, em contraste com o que ocorre nos infográficos).

O Data Mining faz uso da força computacional para processar números, enquanto as técnicas de visualização de dados focam nas habilidades perceptivas que os seres humanos possuem.

---

19 ILIINSKY, N.; STEELE, J. Designing Data Visualizations. California: O'Reilly Media, 2020.

Podemos falar, então, em duas principais categorias de visualização de dados (exploração e explicação), e uma terceira, híbrida, que combina as duas outras, como mostra o Quadro 2.3.

Quadro 2.3 Categorias de visualização de dados

Visualização exploratória	Visualização explicativa
Apropriada quando há grande quantidade de dados e incerteza quanto ao seu conteúdo. Permite ver quais são os relacionamentos existentes entre os dados.	Apropriada quando já se sabe o que os dados têm a dizer, e o objetivo é compartilhar a informação. A visualização pode ser autônoma ou fazer parte de uma apresentação maior, com alguma narrativa de apoio.
Visualização híbrida	
Por meio de algum tipo de interface gráfica interativa, o usuário pode escolher e restringir determinados parâmetros, descobrindo por si mesmo quaisquer informações que o conjunto de dados possa oferecer. Há certo grau de liberdade de descoberta nas informações apresentadas, mas elas não são totalmente brutas, tendo sido destiladas e facilitadas em alguma medida.	

Fonte: adaptado de ILIINSKY; STEELE, 2020.

As visualizações estáticas geralmente fornecem respostas para um número limitado de perguntas que um usuário pode ter sobre um conjunto de dados. No entanto, uma visualização muitas vezes leva a novas perguntas que só podem ser respondidas pela interação com os próprios dados.

A adição de técnicas de interação dinâmica à visualização é, portanto, frequentemente necessária para projetar ferramentas de visualização que incentivem a análise exploratória de dados.

Ferramentas recentes aplicam ainda o conceito de **autosserviço** (*self-service*), isto é, o usuário pode ele mesmo selecionar um subconjunto de dados, configurar novos tratamentos específicos e gerar uma visualização específica que faça sentido naquele momento e contexto.

 Para conhecer mais sobre ferramentas de visualização de dados, particularmente o Tableau, aponte seu aparelho para o QR Code ao lado.
https://www.tableau.com/learn/articles/data-visualization

2.5 DASHBOARDS

Existe forte contraste entre sistemas inteligentes que buscam tomar decisões em nome de pessoas, como os Sistemas de Tutoria Inteligente e os Sistemas de Mineração de Dados Educacionais, e os sistemas que tentam capacitar pessoas a tomar decisões mais informadas. Os sistemas de análise visual fornecem uma visão geral clara do contexto, das decisões que podem ser tomadas e das implicações dessas decisões.

Um dos sistemas de visualização mais utilizados é o dashboard. Trata-se de um painel de controle visual que apresenta, de maneira centralizada, um conjunto de indicadores e métricas, como mostra a Figura 2.4.

FIGURA 2.4 Exemplo de dashboard para uma escola de educação básica

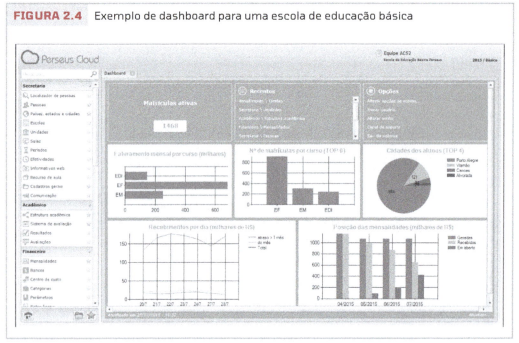

Fonte: PERSEUS.

A construção de dashboards não é trivial: identificar quais informações são relevantes e a forma de apresentá-las para que realmente sejam úteis carece não só de técnica, mas também de percepção e experimentação muito próxima ao usuário final.

Quando centrados nas pessoas, contudo, os dashboards funcionam como verdadeiras centrais de operações, proporcionando uma visão global dos processos de uma organização e ainda, de forma dinâmica e objetiva, dos dados referentes a projetos específicos.

2.5.1 Dashboards educacionais

Nos últimos anos, muitos **dashboards educacionais** (painéis de análise de aprendizagem) foram implantados para oferecer suporte à percepção de dados. Esses dashboards aplicam técnicas de visualização de dados para ajudar professores, alunos e outras partes interessadas a explorar e entender dados relevantes coletados em vários ambientes digitais de aprendizagem.

Há várias utilizações de dashboards no campo educacional. O Quadro 2.4 apresenta algumas delas.

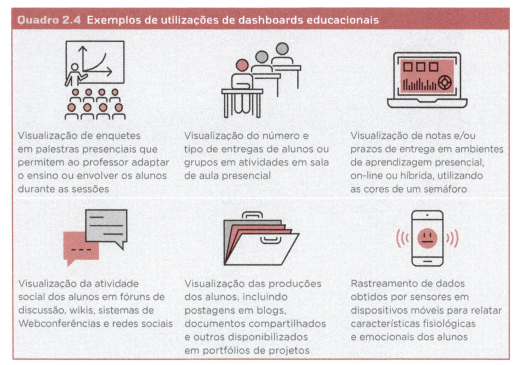

Quadro 2.4 Exemplos de utilizações de dashboards educacionais

Visualização de enquetes em palestras presenciais que permitem ao professor adaptar o ensino ou envolver os alunos durante as sessões

Visualização do número e tipo de entregas de alunos ou grupos em atividades em sala de aula presencial

Visualização de notas e/ou prazos de entrega em ambientes de aprendizagem presencial, on-line ou híbrida, utilizando as cores de um semáforo

Visualização da atividade social dos alunos em fóruns de discussão, wikis, sistemas de Webconferências e redes sociais

Visualização das produções dos alunos, incluindo postagens em blogs, documentos compartilhados e outros disponibilizados em portfólios de projetos

Rastreamento de dados obtidos por sensores em dispositivos móveis para relatar características fisiológicas e emocionais dos alunos

Fonte: adaptado de KLERKX; VERBERT; DUVAL, 2017.

Os exemplos apresentados trabalham com dados consolidados, que podem ser abertos para localizar dados individualizados, e, em geral, têm por objetivo a tomada de decisão por docentes e gestores. Contudo, uma vez que os dashboards podem trazer à tona dados sensíveis, questões relacionadas à **privacidade** precisam ser consideradas.

Por fim, uma utilização bastante interessante dos dashboards é para a autorregulação da aprendizagem, por meio da disponibilização aos alunos de registros de monitoramento de dados individuais, inclusive aqueles resultantes de processos de gamificação, a fim de possibilitar a conscientização, a reflexão e a autoanálise.

➕ Em relação à privacidade dos dados, veja mais sobre governança de dados à p. 10.

2.6 TOMADA DE DECISÃO ORIENTADA A DADOS

Data Driven Decision Making (DDDM), ou Tomada de Decisão Orientada a Dados, é a prática de basear a tomada de decisões na análise dos dados, em vez de apenas na intuição.

A principal ideia por trás do DDDM é que, quanto mais soubermos sobre algo (e o Big Data está aí para registrar a maior quantidade de dados possível), mais *insights* poderemos obter para tomar uma decisão ou encontrar uma solução.

Na maioria dos casos, esse processo é completamente automatizado, uma vez que ferramentas avançadas executam milhões de simulações por meio do Data Analytics para apresentar os melhores resultados possíveis, como resume a Figura 2.5.

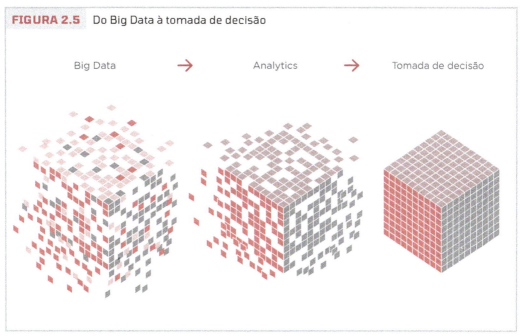

FIGURA 2.5 Do Big Data à tomada de decisão

Fonte: adaptada de PARMAR, 2019.

Por exemplo, um professor pode escolher uma estratégia de aprendizagem com base em seu referencial teórico ou em sua longa experiência em sala de aula, apoiando-se em sua intuição de que aquela estratégia funcionará. Esse mesmo professor pode basear sua escolha no **Learning Analytics (LA)**, ou Analítica da Aprendizagem, sobre a forma como os alunos respondem às estratégias de aprendizagem. Ou ele poderia utilizar uma combinação dessas duas abordagens.

⊕ Veja mais sobre Learning Analytics à p. 82

O DDDM não é uma prática do tipo "tudo ou nada"; ao contrário, pode ser adotada em maior ou menor grau conforme as características de cada contexto analisado.

2.6.1 Tomada de Decisão Educacional Orientada a Dados

Data Driven Educational Decision Making (DDEDM), ou Tomada de Decisão Educacional Orientada a Dados, refere-se ao processo pelo qual os educadores examinam dados de avaliação (e outros registros nos ambientes digitais de aprendizagem e sistemas de gerenciamento acadêmico) para identificar quais são as forças e as deficiências dos alunos e então aplicar essas descobertas à sua prática.

⊕ Se desejar, retome a seção sobre Tomada de Decisão Orientada a Dados, na p. 61.

O processo de examinar criticamente o currículo e o design instrucional, e relacioná-los ao desempenho obtido em testes ou outros instrumentos de avaliação, produz dados que ajudam os educadores a tomar decisões mais informadas.

Avaliações somativas (como testes em sala de aula, avaliações de desempenho e portfólios) e **avaliações formativas** (como tarefas de casa, observações do professor, respostas e reflexões dos alunos), além das **avaliações diagnósticas** (como diagnóstico de fluência digital, domínio de competências, testes de personalidade ou de estilos/preferências de aprendizagem), são fontes legítimas e viáveis de dados de alunos para esse processo.

De forma alguma a DDEDM é uma prática nova, mas, no passado, a origem dos dados era diferente. O Quadro 2.5 compara a forma tradicional de tomar decisões educacionais com a abordagem orientada aos dados.

Quadro 2.5 Formas de tomada de decisão em educação

Foco na tomada de decisão	Educação como arte	Educação como ciência
Ferramentas usadas na tomada de decisão	Intuição, filosofia de ensino, vivência pessoal do educador, experiências baseadas em tentativa e erro	**Educational Data Mining** Learning Analytics
Tipo de decisão	Tradicional	Orientada a dados

Fonte: MERTLER, 2014.

➕ Veja mais sobre Educational Data Mining à p. 47 e Learning Analytics à p. 82.

CAPÍTULO 3

DATA ANALYTICS

Data Analytics, por vezes referido simplesmente como Analytics, é a prática de examinar grandes conjuntos de dados brutos para produzir a chamada **inteligência acionável** (inteligência prática). O objetivo é encontrar padrões e extrair conclusões, aplicando processos mecânicos ou algorítmicos para obter *insights* e tomar decisões. O Data Analytics, em parte confunde-se e em parte difere do Data Mining, pois enquanto o primeiro está muitas vezes orientado a processos manuais de análise, o segundo se utiliza mais extensivamente de algoritmos e técnicas estatísticas (ou seja, métricas sobre os dados) para uma vasta exploração dos dados.

ORIGENS

O Data Analytics é baseado em estatísticas. Supõe-se que a estatística fosse usada já no Egito Antigo para apoiar a construção de pirâmides. Por séculos, governos em todo o mundo usaram estatísticas baseadas em censos para atividades de planejamento, incluindo tributação. A evolução da ciência da computação aprimorou dramaticamente o processo, como mostra o Quadro 3.1.[1]

---

1   Para se ter uma ideia, em 1880, antes do uso dos computadores, o Bureau do Censo dos Estados Unidos levou sete anos para processar as informações coletadas no país e concluir um relatório final. Para o censo de 1890, Herman Hollerith produziu uma "máquina de tabulação" capaz de processar sistematicamente os dados gravados em cartões perfurados; com esse dispositivo, o censo foi concluído em 18 meses. Veja mais sobre esse tema em: FOOTE, K. D. A brief history of analytics. *Dataversity*, 25 set. 2018. Disponível em: https://www.dataversity.net/brief-history-analytics/. Acesso em: 30 abr. 2020.

Quadro 3.1 Breve descrição da evolução do Data Analytics

Período	Eventos
Década de 1970	A modelagem de bancos de dados relacionais, inventada por Edgar F. Codd, permitiu que os usuários escrevessem e recuperassem dados usando **SQL (Structured Query Language)**, ou Linguagem de Consulta Estruturada, atualmente a forma primária de acesso e tratamento de dados mais utilizada em todos os campos de dados.
Final dos anos 1980	A quantidade de dados coletados passou a crescer significativamente, em parte devido aos custos mais baixos das unidades de disco rígido e à arquitetura dos **data warehouses**, desenvolvida para ajudar na transformação de dados provenientes de sistemas operacionais em sistemas de suporte à tomada de decisão.
Meados da década de 1990	A Internet se tornou extremamente popular, gerando imenso fluxo de dados provenientes de várias fontes e configurados em diferentes formatos. Isso levou à criação dos bancos de dados não relacionais, também conhecidos como **NoSQL**, que impulsionaram o design do mecanismo de busca do Google por Larry Page e Sergey Brin, tendo por base o processamento e análise de Big Data em computadores distribuídos. O uso do Data Mining surgiu diretamente da evolução das tecnologias de banco de dados e data warehouse, possibilitando o armazenamento de quantidades maiores de dados, além de análises rápidas e eficientes.
Fim da década de 1990	O Cloud Computing (Computação em Nuvem) emerge como um novo paradigma, em que os limites da computação serão determinados pela lógica econômica, e não apenas pelos limites técnicos. Os softwares passaram a ser fornecidos a qualquer pessoa por meio da Internet, em um sistema de "locação", e não mais de aquisição. A nuvem agora possui quantidades significativamente grandes de armazenamento, disponibilidade para vários usuários simultâneos e capacidade de lidar com vários projetos.
2005	O Big Data surge para descrever quantidades massivas de dados, com as quais antes era praticamente impossível lidar utilizando as ferramentas disponíveis.

Fonte: FOOTE, 2018.

Aqui vale uma observação sobre o uso dos termos **Analysis (Análise)** e **Analytics (Analítica)**, frequentemente tratados como termos intercambiáveis, mas que possuem significados ligeiramente diferentes.

Alguns especialistas apontam como principal diferença a escala de coleta, processamento e tratamento de dados, pois Analítica de Dados é um termo mais amplo do qual Análise de Dados é um subcomponente.

A Análise de Dados refere-se ao processo de examinar, transformar e organizar determinado conjunto de dados de maneiras específicas, a fim de estudar suas partes individuais e extrair informações úteis. A Analítica de Dados, por sua vez, é uma ciência ou disciplina abrangente que engloba o gerenciamento completo dos dados, incluindo não apenas sua análise, mas também coleta, organização, armazenamento e todas as ferramentas e técnicas utilizadas.

Nas palavras de David Kasik, pesquisador técnico sênior em Visualização e Técnicas Interativas da Boeing, "o Analytics define a ciência por trás da análise".[2]

Para conhecer mais sobre o que é Data Analytics e exemplos de uso, aponte seu aparelho para o QR Code ao lado e acesse o vídeo Data Analytics for Beginners, da Six Sigma Pro SMART.
https://www.youtube.com/watch?v=mm2A5tKVIpg

---

2   HYLANDS, A. Data analytics vs. analysis – what's the difference? *Simple Analytical*. Disponível em: https://simpleanalytical.com/data-analytics-vs-analysis-whats-the-difference. Acesso em: 30 abr. 2020.

3.1 APLICAÇÕES DO DATA ANALYTICS

Talvez a aplicação mais conhecida da Analítica de Dados seja o Business Analytics – evolução do **Business Intelligence (BI)**, ou Inteligência de Negócios.

Podemos citar outros campos de conhecimento e prática, como Health Analytics (saúde), Government Analytics (políticas e ações governamentais), Sports Analytics (esporte), Financial Analytics (finanças) e até o Educational Analytics, aplicado ao campo da educação.

Há aplicações genéricas do Data Analytics, como Web, Text, Audio, Video, Social Media e IoT Analytics, que independem da área ou setor, bem como vertentes específicas no campo da Analítica da Educação representadas na Figura 3.1.

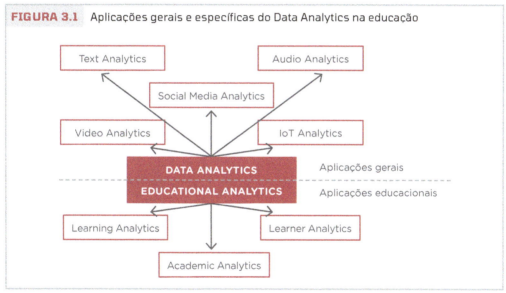

FIGURA 3.1 Aplicações gerais e específicas do Data Analytics na educação

Fonte: elaborada pela autora.

Em comum, essas áreas trabalham com coleta, organização e análise de grandes conjuntos de dados para descobrir padrões e outras informações úteis. Assim, sob o guarda-chuva do Data Analytics, tecnologias e técnicas se concentram na melhor e mais eficaz solução de problemas novos ou antigos, a partir de dados mais complexos e de grande escala.

3.2 DATA ANALYTICS *VERSUS* DATA MINING

No vácuo, os dados, por maiores que sejam em volume e diversidade, são inúteis. Seu valor potencial é desbloqueado apenas quando são alavancados para impulsionar a tomada de decisão.

A fim de possibilitar a tomada de decisão baseada em dados, são necessários processos eficientes para transformar Big Data em *insights* significativos, como mostra a Figura 3.2.

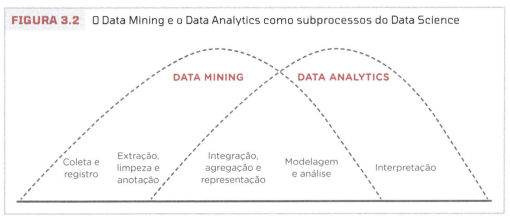

FIGURA 3.2 O Data Mining e o Data Analytics como subprocessos do Data Science

Fonte: adaptada de GANDOMI; HAIDER, 2015.

As disciplinas de Data Science podem ser entendidas como um contexto amplo, do qual a mineração e a analítica são subcomponentes.

Vale lembrar que, em muitas análises de dados, são utilizados processos mais avançados, embasados em técnicas matemáticas e analíticas, muitas delas caracterizadas como técnicas de Data Mining.

3.3 TEXT ANALYTICS

Text Analytics, ou Analítica Textual, refere-se ao conjunto de técnicas que permitem analisar e extrair informações de dados textuais, usados em documentos em geral, como artigos científicos e técnicos, e-mails, blogs, fóruns on-line, notícias e registros de centrais de atendimento. Para isso, utilizam-se técnicas de pré-processamento de textos, análise estatística, linguística computacional e Machine Learning (ML), ou Aprendizado de Máquina.

Os textos são, por excelência, dados não estruturados, e, em alguns casos, dados semiestruturados. Técnicas como a extração de informações, o resumo de texto, as técnicas de resposta a perguntas e a Análise de Sentimentos permitem converter grandes volumes de texto gerado por humanos em resumos significativos que suportam a tomada de decisão orientada a dados. Por exemplo, a Analítica Textual pode ser usada para prever alterações no mercado de ações com base em informações extraídas de notícias e reportagens financeiras.

O Quadro 3.2 resume as principais técnicas de Text Analytics.

➕ Veja mais sobre Machine Learning à p. 117.

➕ Veja mais sobre dados não estruturados e semiestruturados à p. 6.

Quadro 3.2 Técnicas de Text Analytics

Técnica	Descrição
Extração de Informações	Extrai dados estruturados de um texto não estruturado (por exemplo, algoritmos podem extrair informações como nome, dosagem e frequência de um medicamento a partir de prescrições médicas). Também é utilizada para tornar os textos quantificáveis, ou seja, para gerar métricas a partir de textos. Isso pode ser utilizado, por exemplo, para extrair métricas de comentários feitos em uma plataforma de aprendizagem e, posteriormente, aplicar modelos matemático--estatísticos (que trabalham essencialmente com números) que utilizem essa métrica em modelos preditivos de evasão.
Resumo de Texto	Produz automaticamente um resumo de um ou vários documentos a fim de transmitir as principais informações dos textos originais. As aplicações incluem artigos científicos e de notícias, anúncios, e-mails e blogs. A sumarização pode ser: • **extrativa**: quando um resumo é criado a partir das unidades de texto originais (geralmente frases), identificadas a partir de sua localização e frequência, sem que seja necessário o "entendimento" do texto; ou • **abstrativa**: quando envolve a extração de informações semânticas por meio de técnicas de NLP, para gerar resumos contendo unidades que não estão necessariamente presentes no texto original.
Question Answering (QA), ou Resposta a Perguntas	É programado para fornecer respostas a perguntas feitas em linguagem natural de uma fonte específica de informações. A caixa de diálogo "Pesquise", encontrada na maioria dos *sites*, é um exemplo desse sistema, o que leva à ideia de um mecanismo de busca que funciona apenas para um tópico específico.
Análise de Sentimentos (Mineração de Opinião)	Examina textos que contêm opiniões de pessoas em relação a entidades, como produtos, marcas, organizações, indivíduos e eventos. Pode ser aplicada de diferentes maneiras: • **documento**: determina se o documento inteiro expressa um sentimento negativo ou positivo; • **frase**: determina a polaridade de um único sentimento sobre uma entidade conhecida, expressa em uma única frase; • **aspectos ou recursos**: considera que os produtos, organizações, pessoas ou eventos têm diferentes aspectos (atributos, características ou propriedades), os quais, por sua vez, podem receber opiniões diferentes.

Fonte: adaptado de GANDOMI; HAIDER, 2015.

No campo da educação, exemplos de dados que podem ser objeto de Text Analytics são e-mails, blogs, fóruns on-line, comentários a pesquisas e avaliações, documentos e relatórios, *feeds* de redes sociais, registros de atendimento, notícias, reportagens, artigos científicos, materiais didáticos, redações, dissertações e demais produções escritas por alunos, professores e outros envolvidos no processo de ensino-aprendizagem.

3.4 AUDIO ANALYTICS

O **Audio Analytics**, ou Analítica de Áudio, analisa e extrai informações de dados de áudio não estruturados. Quando aplicado à linguagem humana, também é chamado de **Speech Analytics**, ou Analítica de Fala. Atualmente, os *call centers* e os serviços de saúde são as principais áreas de aplicação desse tipo de analítica.

Os *call centers*, por exemplo, usam análise de áudio para examinar milhares ou até milhões de horas de chamadas gravadas, a fim de avaliar o desempenho dos agentes de atendimento, monitorar a conformidade a diferentes políticas (por exemplo, políticas de privacidade e segurança), obter informações sobre o comportamento dos clientes e identificar problemas em produtos ou serviços, entre muitas outras tarefas.

O Audio Analytics segue duas abordagens tecnológicas comuns (baseada em transcrições e em fonética), como mostra o Quadro 3.3.

Quadro 3.3 Abordagens tecnológicas para o Audio Analytics

Tipo de abordagem	Descrição
Abordagem baseada em transcrições	Também conhecida como Large-Vocabulary Continuous Speech Recognition (LVCSR), ou Reconhecimento Contínuo de Fala de Grande Vocabulário, é realizada em duas fases: 1. **Indexação** – Automatic Speech Recognition (ASR), ou Algoritmos de Reconhecimento Automático de Fala, ajudam a transcrever o conteúdo da fala do áudio. As palavras são identificadas com base em um dicionário predefinido. Se o sistema falhar em localizar uma palavra exata no dicionário, ele informará o termo mais semelhante. A saída do sistema é um arquivo de índice pesquisável que contém informações sobre a sequência das palavras faladas no discurso. 2. **Busca** – métodos padrão, baseados em texto, usados para encontrar o termo de pesquisa no arquivo de índice.
Abordagem baseada em fonética	O sistema traduz a fala de entrada em uma sequência de fonemas (unidades de som que distinguem uma palavra da outra). Isso contrasta com os sistemas LVCSR, nos quais, em uma primeira fase, a fala é convertida em uma sequência de palavras. Na segunda fase, o sistema procura na saída da primeira fase a representação fonética dos termos da pesquisa.

Fonte: adaptado de GANDOMI; HAIDER, 2015.

No campo educacional, as aplicações do Audio Analytics ainda são tímidas. Na maioria dos casos, o foco são os canais de atendimento, nos quais ele é utilizado para monitorar o envolvimento de alunos ou potenciais alunos nos vários canais (chamadas telefônicas, WhatsApp, Webconferências) de interação com a instituição de ensino. Em termos da compreensão do processo de ensino-aprendizagem propriamente dito, na melhor das hipóteses, os dados geralmente registram se alguém baixou um recurso de áudio ou começou a transmiti-lo. Com a crescente adoção de podcasts para fins educacionais, espera-se que esse cenário mude para assimilar práticas semelhantes às utilizadas no Video Analytics.

⊕ Veja mais sobre Video Analytics à p. 75.

Técnicas de Audio Analytics podem ser utilizadas em podcasts educacionais para detecção de conteúdo (tradução de áudio em texto e deste em métricas ou categorias) para identificar, por exemplo, temas específicos que fazem a atenção do aluno se dispersar, quando abandona ou faz uma pausa no áudio. Essas informações podem ser bastante úteis para produções de conteúdos mais eficientes.

3.5 VIDEO ANALYTICS

Video Analytics, ou Analítica de Vídeo, também conhecido como **Video Content Analysis (VCA)**, ou Analítica de Conteúdo de Vídeo, envolve uma variedade de técnicas para monitorar, analisar e extrair informações significativas dos fluxos de vídeos, seja em tempo real ou na forma pré-gravada.

A prevalência de câmeras de circuito fechado de televisão, dispositivos móveis com capacidade de gravar vídeos e a grande popularidade dos *sites* de compartilhamento de vídeo têm contribuído para o crescimento da análise de vídeo computadorizada.

O Video Analytics pode ser utilizado para automaticamente filtrar e extrair informações de milhares de horas de vídeo. Um dos principais desafios, no entanto, é o tamanho dos dados: cada segundo de vídeo de alta definição, por exemplo, gera 2 mil vezes mais bytes que os necessários para armazenar uma única página de texto.[3]

Por essa razão, os aspectos técnicos ainda têm um peso considerável na adoção desse tipo de analítica. Em termos de arquitetura do sistema, existem duas abordagens para Video Analytics, como mostra o Quadro 3.4.

Quadro 3.4 Abordagens para o Video Analytics

Arquitetura baseada em servidor	Arquitetura baseada em borda
O vídeo capturado é roteado para um servidor centralizado e dedicado que executa a analítica. Devido às limitações de banda, em boa parte dos casos o vídeo de origem é compactado, reduzindo as taxas de quadros e/ou a resolução da imagem. Embora a perda de informações possa afetar a precisão da análise, a abordagem fornece economia de escala e facilita a manutenção.	A análise de vídeo é feita localmente e nos dados brutos capturados pela câmera. Como resultado, todo o conteúdo do fluxo de vídeo está disponível para análise; no entanto, esse é um processo mais caro e com menor poder de processamento em comparação com os sistemas baseados em servidor.

Fonte: adaptado de GANDOMI; HAIDER, 2015.

---

[3] MANYIKA, J. *et al. Big data*: the next frontier for innovation, competition, and productivity. McKinsey Global Institute, 2011. Disponível em: https://www.mckinsey.com/business-functions/mckinsey-digital/our-insights/big-data-the-next-frontier-for-innovation. Acesso em: 30 abr. 2020.

O surgimento generalizado de vídeos on-line e off-line evidenciou a necessidade de indexar o conteúdo multimídia para facilitar a pesquisa e a recuperação. Assim, outra função importante da Analítica de Vídeo é a indexação e a recuperação automáticas. A indexação de um vídeo pode ser realizada com base em diferentes níveis de informações disponíveis em um vídeo, incluindo metadados, trilha sonora, transcrições e conteúdo visual do vídeo.

No campo educacional, boa parte da utilização do Video Analytics se refere a métricas de acesso a videoaulas ou vídeos em outros formatos (entrevistas, debates, documentários, narrativas instrucionais),[4] taxas de retenção (porcentagem de tempo em que as pessoas assistiram de fato a um vídeo) e *full views* (visualizações completas), assim como análise de origem de tráfego com localização dos usuários (cidade, estado e país) e dispositivos utilizados para acesso (*mobile* ou *desktop*).[5]

Mas também já existem iniciativas que cruzam dados sobre o público que consome os vídeos, como gênero, idade e estilos de aprendizagem, a fim de orientar uma eventual personalização nos formatos e conteúdos entregues.

Inúmeras possibilidades se abrem com esses recursos (por exemplo, combinando Video Analytics a algoritmos de ML para processar imagens em tempo real provenientes de uma câmera de celular, expressões faciais do aluno podem ser captadas durante as sessões de estudo para auferir presença, captar percepções frente a diferentes conteúdos etc.).

Por fim, novas funcionalidades compõem um subcampo do Video Analytics (o Live Analytics) para analítica de dados de transmissões ao vivo, como ocorre nas Webconferências. É possível acompanhar, por exemplo, a quantidade de usuários on-line em tempo real, o crescimento ou a queda da audiência, picos de acesso simultâneos, localização dos usuários e dispositivos de acesso.[6]

---

4 FILATRO, A. *Produção de conteúdos educacionais*. São Paulo: Saraiva, 2016.
5 Essas funcionalidades já estão disponíveis em diversas plataformas de compartilhamento de vídeo, como no Youtube Analytics. Para mais informações, veja: YOUTUBE ANALYTICS. Disponível em: https://support.google.com/youtube/answer/1714323. Acesso em: 30 abr. 2010.
6 A esse respeito, veja: GOMES, D. Como utilizar video analytics para impulsionar sua estratégia de conteúdo. *Blog da Sambatech*, dez. 2019. Disponível em: https://sambatech.com/blog/insights/video-analytics-conteudo/. Acesso em: 30 abr. 2020.

3.6 SOCIAL MEDIA ANALYTICS

Social Media Analytics, ou Analítica de Mídias Sociais, refere-se à análise de dados estruturados e não estruturados dos canais de mídias sociais.

Incluem-se no conceito de mídias sociais os canais mostrados no Quadro 3.5.

Quadro 3.5 Canais de mídias sociais para Social Media Analytics

Canais	Exemplos	Canais	Exemplos
Redes sociais propriamente ditas	Facebook e LinkedIn	Serviços de compartilhamento de mídias	Instagram e YouTube
Blogs e microblogs	Blogger e WordPress, Twitter e Tumblr	Wikis	Wikipedia e Wikihow
Notícias sociais	Digg e Reddit	*Sites* de perguntas e respostas	Yahoo! Answers, Quora e Ask.com
Favoritos sociais	Delicious e StumbleUpon	*Sites* de revisão ou recomendação	Yelp, TripAdvisor

Fonte: adaptado de GANDOMI; HAIDER, 2015.

Os conteúdos gerados pelos usuários (por exemplo, sentimentos, imagens, vídeos e favoritos) e os relacionamentos e as interações entre as entidades da rede (por exemplo, pessoas, organizações e produtos) são as duas fontes de informação nas mídias sociais.

Com base nessa categorização, o Social Media Analytics pode ser classificado em dois grupos, como mostra o Quadro 3.6.

Quadro 3.6 Categorias do Social Media Analytics

Tipo de análise	Descrição
Análise baseada em conteúdo	Concentra-se nos dados publicados pelos usuários nas plataformas de mídia social, como *feedbacks* de alunos, análises de produtos, imagens e vídeos. Esse conteúdo geralmente é volumoso, não estruturado e dinâmico. As analíticas de texto, áudio e vídeo podem ser aplicadas para obter informações sobre esses dados.
Análise baseada em estrutura	Também conhecida como **Análise de Redes Sociais**, ocupa-se de sintetizar os atributos estruturais de uma rede social e em extrair inteligência dos relacionamentos entre as entidades participantes.

Fonte: adaptado de GANDOMI; HAIDER, 2015.

A pesquisa sobre a Analítica de Mídias Sociais abrange várias disciplinas, incluindo psicologia, sociologia, antropologia, ciência da computação, matemática, física e economia. O marketing tem sido a principal aplicação do Social Media Analytics nos últimos anos, provavelmente devido à crescente adoção das mídias sociais pelos consumidores em todo o mundo.

⊕ Veja mais sobre Análise de Redes Sociais à p. 77.

No setor educacional, o Social Media Analytics permanece praticamente inexplorado, a despeito das muitas potencialidades, inclusive para a modalidade presencial. Para fins de marketing, uma possibilidade óbvia é colher nas redes *insights* sobre o processo de escolha da faculdade e admissão no ensino superior por jovens do ensino médio.

Entrando mais fundo na questão curricular, a análise de Trend Topics pode ajudar a discernir quais tópicos de matemática, por exemplo, estão causando mais consternação para os alunos e quais são seus principais tópicos de interesse, com vistas a ajudar os educadores a criar programas mais personalizados. Também se pode fazer um uso mais proativo, criando um ambiente extraclasse para os alunos falarem sobre tópicos que talvez não estejam dispostos a discutir na escola, na universidade ou em ações formais de educação corporativa.[7]

---

7 WASSERMAN, T. Social media data analytics: how to apply them in education. *IBM Big Data & Analytics Hub*, 21 abr. 2016. Disponível em: https://www.ibmbigdatahub.com/blog/social-media-data-analytics-how-apply-them-education. Acesso em: 30 abr. 2020.

3.7 IOT ANALYTICS

O **IoT Analytics** se ocupa em como extrair dados gerados pela **Internet of Things (IoT)**, ou **Internet das Coisas**, e como adaptar-se às circunstâncias.

IoT é uma rede de dispositivos físicos interconectados que permitem interação entre si, com objetos externos e com seres humanos, por meio de inúmeros tipos de sensores acoplados, com capacidade de detectar, por exemplo, movimento, temperatura e presença de celulares próximos, entre outras variáveis. A interconexão é feita por diversos meios, sejam eles físicos, sem fio ou por **Radio-Frequency Identification (RDFI)** – em português, Identificação por Radiofrequência –, possibilitando o tratamento de grande quantidade de dados e diversas formas de interação entre o mundo virtual e o real.

ORIGENS

A IoT não é realmente nova, uma vez que elementos que a compõem vêm sendo desenvolvidos há décadas. A detecção remota de poços de petróleo, por exemplo, acontece desde a década de 1970. Há pelo menos 20 anos já existem veículos guiados por Global Positioning System (GPS), ou Sistema de Posicionamento Global, mas até 1990 apenas computadores estavam ligados em rede. Até que John Romkey e Simon Hackett criaram uma torradeira que se conectava à Internet. Em 1999, Kevin Ashton, do Massachusetts Institute of Technology (MIT), popularizou o termo "Internet of Things" para descrever o ecossistema de coisas físicas (*smartphones*, sensores, tecnologias vestíveis, comprimidos farmacêuticos etc.) conectadas à Internet. Já em 2002, ocorreu a primeira conferência específica sobre IoT, em Zurique. Em 2008, foi criada a Internet Protocol for Smart Objects (IPSO Alliance), a fim de promover a comunicação e a interoperabilidade entre diferentes dispositivos. Nos anos seguintes, empresas como Google e Apple apresentaram os primeiros produtos de automação residencial, monitoramento da saúde e tecnologias vestíveis.[8]

---

8   RUTZ DA SILVA. S. C.; SZESZ JUNIOR. A. Internet das Coisas na educação: uma visão geral. *Ensino de Ciências e Tecnologia em Revista*, v. 2, n. 1, jul./ago. 2018. Disponível em: https://www.researchgate.net/publication/327326417_Internet_das_Coisas_na_Educacao_Uma_Visao_Geral. Acesso em: abr. 2020.

Há algumas características distintivas dos dados gerados pela IoT, como mostra a Figura 3.3.

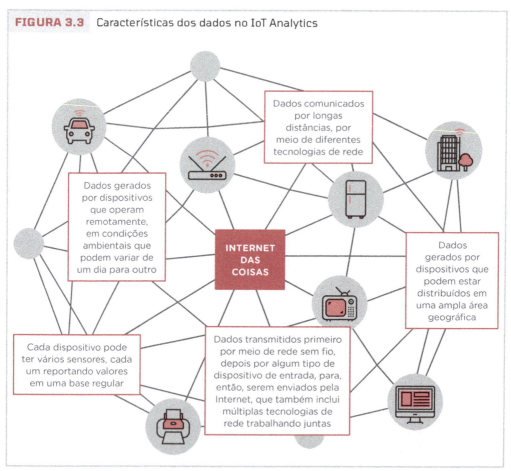

FIGURA 3.3 Características dos dados no IoT Analytics

Fonte: adaptada de MINTEER, 2017.

Por essas características, o fluxo de dados pode aumentar muito mais rapidamente do que as pessoas ou organizações imaginam, o que tem implicações sobre o software de banco de dados, a infraestrutura de armazenamento e a capacidade de processamento dos computadores – principalmente porque, para fazer uma boa analítica de dados, são necessários muitos dados históricos.

A área da saúde é uma das que mais rapidamente está adotando o IoT, com médicos rastreando pacientes via sensores, o tempo todo, em tempo real. Na indústria, o IoT possibilita o gerenciamento remoto de equipamentos, assim como todo o processo de fabricação. Em edifícios inteligentes, o IoT ajuda, por exemplo, a personalizar e automatizar o aquecimento e o resfriamento do ambiente, criando espaços mais confortáveis e sustentáveis. Na agricultura, dados de IoT detectam a umidade e os nutrientes do solo, controlando o uso da água para o crescimento das plantas.[9]

No campo educacional, as primeiras aplicações de IoT se concentraram principalmente no uso de RFID para reconhecer uma posição geográfica (via GPS) ou um objeto e apresentar uma lista de itens ou atividades de informações para esse item por meio de **realidade aumentada**.

As aplicações são inúmeras, contudo. Por exemplo, na educação tecnológica e profissional, os alunos podem estender as práticas profissionais para simulações com objetos e equipamentos reais conectados a sensores, a fim de avaliar competências técnicas e socioemocionais, como administração do tempo, criatividade e solução de problemas. Também há notícias de universidades monitorando tecnologias vestíveis para analisar fatores biológicos que correspondam a estados emocionais.[10]

---

9 GILL, N. S. IoT Analytics platform for real-time data ingestion, streaming analytics. *XenonStack*, 4 mar. 2019. Disponível em: https://www.xenonstack.com/blog/iot-analytics-platform/. Acesso em: 30 abr. 2020.

10 MINTEER, A. *Analytics for the internet of things (IoT)*: intelligent analytics for your intelligent devices. Kindle Edition. Birmingham: Packt Publishing, 2017.

3.8 LEARNING ANALYTICS (LA)

Learning Analytics (LA), ou Analítica da Aprendizagem, pode ser entendido como a medição, coleta, análise e o reporte de dados sobre os alunos e seus contextos, com o propósito de entender a aprendizagem e os ambientes em que ocorre.[11]

O propósito do LA é compreender o progresso dos alunos ao longo de um programa, curso ou disciplina, e qualificar sua interação com conteúdos, ferramentas e pessoas. A partir dessa compreensão embasada em dados, é possível construir melhores propostas de design instrucional, preparar os alunos para exercer um papel proativo em sua aprendizagem, identificar aqueles em situação de risco e avaliar fatores que afetam a conclusão e o sucesso dos estudos.[12]

ORIGENS

A área de LA se inicia formalmente com a 1ª Conferência Internacional conhecida como Learning Analytics and Knowledge (LAK), ou Analítica da Aprendizagem e Conhecimento.[13] No ano seguinte, é fundada a Society for Learning Analytics Research (SoLAR), ou Sociedade para a Pesquisa da Analítica da Aprendizagem.[14] De 2013 em diante, testemunhamos a expansão da área com o primeiro Learning Analytics Summer Institute,[15] o lançamento do *Journal of Learning Analytics*[16] e a publicação do *Handbook of Learning Analytics*.[17]

---

11 SOCIETY FOR LEARNING ANALYTICS RESEARCH (SoLAR). *About SoLAR*. Disponível em: www. solaresearch.org/mission/about/. Acesso em: 30 abr. 2020.

12 FILATRO, A. *Learning analytics*: análise e desempenho do ensino e aprendizagem. São Paulo: Editora Senac, 2019.

13 SOCIETY FOR LEARNING ANALYTICS RESEARCH (SoLAR). *International Conference on Learning Analytics & Knowledge (LAK)*. Disponível em: https://solaresearch.org/events/lak/. Acesso em: 30 abr. 2020.

14 SOCIETY FOR LEARNING ANALYTICS RESEARCH (SoLAR). Página inicial. Disponível em: https:// www.solaresearch.org/. Acesso em: 30 abr. 2020.

15 SOCIETY FOR LEARNING ANALYTICS RESEARCH (SoLAR). *Learning Analytics Summer Institute (LASI)*. Disponível em: https://solaresearch.org/events/lasi/. Acesso em: 30 abr. 2020.

16 SOCIETY FOR LEARNING ANALYTICS RESEARCH (SoLAR). *Journal of Learning Analytics*. Disponível em: http://learning-analytics.info/. Acesso em: 30 abr. 2020.

17 SOCIETY FOR LEARNING ANALYTICS RESEARCH (SoLAR). *Handbook of Learning Analytics*. Disponível em: https://www.solaresearch.org/hla-17/. Acesso em: 30 abr. 2020.

Uma forma de entender o potencial do LA é considerar de que modo a analítica se realiza ao longo do tempo, como mostra o Quadro 3.7.

Quadro 3.7 Informações e *insights* propiciados pelo LA ao longo do tempo

	Passado	Presente	Futuro
Informação	O que aconteceu?	O que está acontecendo agora?	Para onde as tendências estão apontando?
	Relatórios e descrições dos dados	Alertas em tempo real	Alertas para o futuro
Insight	Como e por que isso aconteceu?	Qual é a melhor ação a tomar?	O que é provável que aconteça?
	Modelos e explicações	Geração de uma ou mais recomendações	Previsão, simulação de caminhos alternativos de ação ou identificação de caminho ideal de ação

Fonte: FILATRO; CAVALCANTI, 2018.

Vale ressaltar, então, que o LA está muito mais ancorado na intervenção humana – o que o distingue do Educational Data Mining (EDM), ou Mineração de dados educacionais, e também do Data Analytics de aplicações gerais.

Para conhecer mais sobre Learning Analytics, aponte seu aparelho para o QR Code ao lado e assista a um breve vídeo animado que explica o básico sobre o campo.
https://www.youtube.com/watch?v=Sanf-2JAg1w

3.8.1 EDM *versus* LA

EDM e LA compartilham muitas características e cultivam objetivos e interesses semelhantes. Ambos refletem o surgimento de abordagens intensivas em dados para a educação e compartilham o propósito de aumentar a qualidade da análise de dados educacionais em larga escala, a fim de apoiar a pesquisa e a prática na educação.

No entanto, EDM e LA têm orientações tecnológicas, ideológicas e metodológicas distintas. À medida que as escolas, as universidades e as organizações de educação corporativa passam a adotar o DM e o LA, é importante entender o foco de cada uma dessas áreas e verificar como contribuem para extrair valor dos dados e orientar o planejamento, as intervenções e a tomada de decisão no funcionamento dos sistemas educacionais.

O Quadro 3.8 mostra como essas duas áreas de conhecimento se distinguem.

Quadro 3.8 Comparação entre EDM e LA

	EDM	LA
Descoberta do conhecimento	A descoberta automatizada é a chave e alavancar o julgamento humano é uma ferramenta para alcançar esse objetivo	A chave é alavancar o julgamento humano e a descoberta automatizada é uma ferramenta para alcançar esse objetivo
Redução e holismo	Maior ênfase em reduzir o sistema em componentes e analisá-los individualmente, bem como as relações entre eles	Maior ênfase em entender o sistema como um todo, em sua totalidade e complexidade
Origens	Software educacional e modelagem de estudantes, como um direcionamento claro na previsão de resultados do curso	Web semântica, "currículo inteligente", previsão de resultados e intervenções sistêmicas
Adaptação e personalização	Foco na adaptação automatizada da aprendizagem, conduzida, por exemplo, por um sistema de tutoria inteligente, sem considerar humanos no circuito	Foco em informar e capacitar professores e aprendizes para a tomada de decisão e a intervenção educacional
Técnicas e métodos	Classificação, clusterização, mineração de relacionamentos, Visualização de Dados	Análise de Redes Sociais, Análise de Sentimentos, Analítica de Fala, previsão de sucesso do aluno

Fonte: adaptado de SIEMENS; BAKER, 2012.

Como disciplinas conectadas, mas distintas, a EDM e o LA representam uma forte voz e força para a excelência do Data Science na Educação, orientando os formuladores de políticas, administradores e educadores na implantação de boas práticas de educação orientada a dados.

⊕ Veja mais sobre Análise de Sentimentos à p. 72.

Para saber o que os especialistas internacionais falam sobre Learning Analytics, aponte para o QR Code ao lado e veja uma apresentação com George Siemens.
https://www.youtube.com/watch?v=idHxNSTZhNM

3.8.2 Processo de LA

Um processo típico de LA começa com a etapa de coleta de dados, quando são reunidos os dados das atividades dos alunos em interação com recursos e pessoas em um Learning Management Systems (LMS), ou Sistema de Gerenciamento da Aprendizagem; ou em um Personal Learning Environments (PLE), ou Ambiente de Aprendizagem Pessoal.

> ⊕ Veja mais sobre LMS à p. 20 e PLE à p. 90.

Os dados coletados incluem, por exemplo, participação em desafios colaborativos, postagens em fóruns ou a leitura de um documento. Nessa etapa, é crucial abordar questões de privacidade e governança de dados. Com frequência, os dados extraídos são transferidos para um banco de dados separado.

> ⊕ Veja mais sobre privacidade e governança de dados à p. 10.

Durante a coleta, há uma intensa cadeia de ações, normalmente automatizadas, para tratamento e transformação de dados. Os dados disponíveis nos LMSs geralmente não estão em conformidade com uma visão de processo educacional orientada à tomada de decisão e precisam, portanto, ser mapeados, tratados, validados e transformados, para que estejam em um formato passível de análise e aplicação de algoritmos.

> ⊕ Veja mais sobre Data Mining, clusterização e Análise de Redes Sociais às p. 31, 38 e 77, respectivamente.

A segunda etapa é o Data Mining, aplicado com base em diferentes técnicas, como classificação, clusterização e Análise de Redes Sociais.

Posteriormente, os resultados da mineração de dados podem ser apresentados na forma de indicadores numéricos e/ou visualizações gráficas, reunidos em Dashboards, integrados ou não ao ambiente de aprendizagem.

> ⊕ Veja mais sobre Dashboards à p. 58.

Com base nos dados visualizados, espera-se que professores, alunos e gestores sejam capazes de interpretar mais rapidamente as informações visualizadas, refletir sobre o impacto de estratégias e recursos sobre o comportamento e desempenho dos alunos e ter os primeiros *insights* sobre a eficácia da metodologia proposta, avaliando se os objetivos estabelecidos foram alcançados. Além disso, resultados inesperados (positivos ou negativos) devem motivar os professores à tomada de decisão, ajustando suas intervenções educacionais e até mudando a proposta metodológica, quando aplicável.

A fim de favorecer a personalização e a autorregulação da aprendizagem, o Dashboard pode estar visível aos alunos se incluir, por exemplo, recomendações automatizadas de conteúdos ou percursos diferentes de aprendizagem adaptados exclusivamente para um aluno em um momento específico de aprendizagem.

A Figura 3.4 representa graficamente essas etapas do processo.

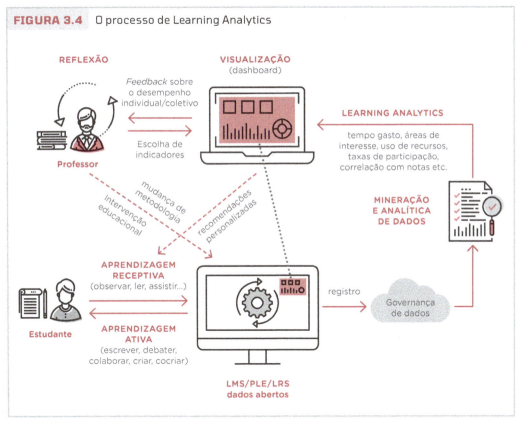

Fonte: adaptada de DYCKHOFF *et al.*, 2012.

Vale lembrar que esse processo também se aplica a ambientes móveis de aprendizagem, caracterizando o Mobile Learning Analytics (MLA), ou Analítica da Aprendizagem Móvel, voltado a recuperação, análise e relatório dos dados móveis dos aprendizes.

Pode-se dizer o mesmo com relação ao Ubiquitous Learning Analytics (ULA), ou Analítica da Aprendizagem Ubíqua, voltado à detecção de dados contextuais, incluindo IoT, por meio de sensores e tecnologias Wi-Fi (conexão sem fio), GPS e RFID.

○ Veja mais sobre IoT às p. 79 e 80.

3.8.3 Modelo de referência para o LA

O LA procura responder a uma série de questões, organizadas em quatro dimensões de um modelo de referência, como mostra a Figura 3.5.

FIGURA 3.5 Modelo de referência para o LA

O QUÊ?

Que tipo de dados o sistema reúne, gerencia e usa para a análise?

DADOS do aluno e dos AMBIENTES de aprendizagem

POR QUÊ?

Para que o sistema analisa os dados coletados?

OBJETIVOS: predição/intervenção, tutoria/mentoria, avaliação/*feedback*, adaptação/personalização, recomendação

LEARNING ANALYTICS

COMO?

De que forma sistema faz a analítica dos dados coletados?

MÉTODOS: estatísticas, Visualização de Dados, Data Mining, Análise de Redes Sociais

QUEM?

Quem é alvo da Analítica da Aprendizagem?

PARTES INTERESSADAS: alunos, professores, tutores, designers instrucionais, gestores, tomadores de decisão

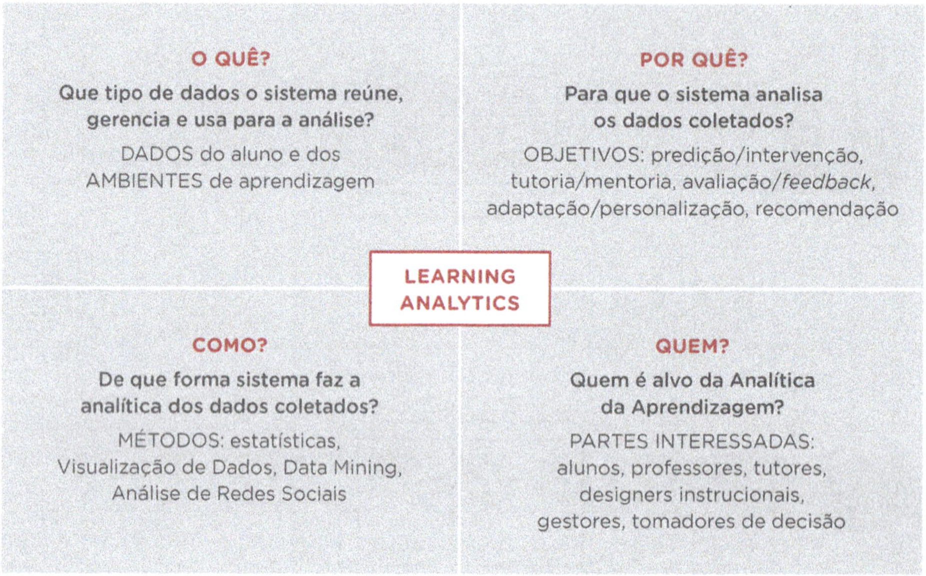

Fonte: adaptada de CHATTI, *et al.*, 2011.

O LA vem atraindo cada vez mais atenção da comunidade educacional, à medida que instituições educacionais passam a reconhecer suas contribuições para a melhoria do processo de ensino-aprendizagem.

Muitos são os desafios a enfrentar conforme evolui na prática cotidiana a compreensão das questões técnicas e pedagógicas em torno do LA (incluindo questões sobre como lidar com o crescente aumento e a fragmentação dos dados, a escalabilidade e a operação em tempo real, a identificação de indicadores e métricas significativos, a visualização adequada das informações e a privacidade de dados).

3.8.3.1 Dados e ambientes no LA (O quê?)

O LA é uma abordagem orientada a dados, mas de onde vêm os dados educacionais?

De um lado, sistemas centralizados como os LMSs organizam os dados gerados em contextos formais de aprendizagem, seja presencial, seja a distância. No entanto, o crescimento dos conteúdos gerados por alunos e docentes, facilitado por tecnologias onipresentes de produção e ferramentas baratas de criatividade, levou a uma vasta quantidade de dados distribuídos em vários ambientes e sistemas.

Assim, as fontes de dados educacionais podem ser agrupadas em duas grandes categorias, apresentadas no Quadro 3.9.

Quadro 3.9 Categorias de fontes de dados educacionais para o LA

	Sistemas educacionais centralizados	Ambientes de aprendizagem distribuídos
Exemplos	LMSs;[18] Student Information Systems (SISs), ou Sistemas de Informação do Aluno; Intelligent Tutoring Systems (ITSs), ou Sistemas de Tutoria Inteligente; e Adaptive Hypermedia Systems (AHSs), ou Sistemas Hipermídia Adaptativos.	Personal Learning Environments (PLEs);[19] Learning Record Stores (LRSs), ou Armazéns de Registros de Aprendizagem;[20] mídias sociais e conjuntos de dados abertos (provenientes de sensores vestíveis, sensores ambientais, por exemplo, para capturar presença, som etc.) e sensores de software (baseados em desktop, na Web ou em dispositivos móveis).
Funções	Os sistemas centralizados acumulam grandes registros de dados das atividades e interações dos alunos, como leitura, escrita, acesso e *upload* de material de aprendizagem, respostas a testes, entrega de tarefas, além de incluir, em alguns casos, ferramentas de relatório para consulta e integração de dados	Os PLEs e os LRSs compilam dados de uma ampla variedade de fontes além do LMS. Os dados provêm de canais de aprendizagem formal e informal e podem vir em diferentes formatos, distribuídos por espaço, tempo e mídia

Fonte: adaptado de CHATTI *et al.*, 2011.

---

18 Incluem LMSs comerciais, como o Blackboard, de código aberto, como o Moodle, e sistemas proprietários desenvolvidos pelas próprias instituições.

19 O PLE pode ser considerado uma abordagem genérica baseada nos conceitos de abertura, interoperabilidade técnica e autonomia do aprendiz, ou, de forma mais precisa, um conjunto de ferramentas interligadas, muitas delas baseadas em software social, gerido por regras pessoais (no caso, dos alunos) que definem qual informação deve ser partilhada, aperfeiçoada e perpetuada como um bem comum. Veja mais a respeito em: RODRIGUES, P. J.; MIRANDA, G. L. Ambientes pessoais de aprendizagem: conceções e práticas. *RELATEC – Revista Latinoamericana de Tecnología Educativa*, v. 12, n. 1, p. 23-34, 2013. Disponível em: https://www.researchgate.net/publication/279958203_Ambientes_pessoais_de_aprendizagem_concecoes_e_praticas_Personal_learning_environments_conceptions_and_practices. Acesso em: 15 maio 2020.

20 O LRS é um sistema capaz de receber, armazenar e fornecer acesso a dados de uma variedade de experiências de aprendizagem, que podem incluir a captura de atividades do mundo real, ações concluídas em aplicativos móveis ou até mesmo dados de desempenho no trabalho. Esses dados são armazenados no LRS e podem ser compartilhados com outros sistemas. O LRS baseia-se na especificação xAPI ou "API da experiência" (conhecida inicialmente como API Tin Can), que, em linhas gerais, visa a coletar dados sobre várias atividades que um aprendiz ou educador realiza, mesmo fora dos tradicionais ambientes on-line. Para mais informações, veja: XAPI. *What is a learning record store (LRS)*? Disponível em: https://xapi.com/learning-record-store/. Acesso em: 30 abr. 2020.

Na medida em que as ferramentas e os recursos de aprendizagem estão cada vez mais sendo carregados na nuvem, o desafio é saber como agregar e integrar dados brutos de várias fontes heterogêneas, geralmente disponíveis em diferentes formatos, tratando-os adequadamente, para criar um conjunto de dados educacionais úteis que reflita as atividades do aluno, levando a resultados mais precisos e sólidos.

> ➕ Veja mais sobre computação em nuvem à p. 67.

3.8.3.2 Partes interessadas no LA (Quem?)

A aplicação do LA pode ser orientada para diferentes partes interessadas, incluindo estudantes, professores e tutores, designers instrucionais, gestores e tomadores de decisão, com diferentes perspectivas, objetivos e expectativas, como destaca o Quadro 3.10.

Quadro 3.10 Objetivos e expectativas das diferentes partes interessadas no LA	
Alunos	Como o LA pode melhorar suas notas ou ajudá-los a criar seus próprios PLEs
Professores e tutores	Como o LA pode aumentar a eficácia de suas práticas de ensino ou apoiá-los na adaptação de suas ofertas de ensino às necessidades dos alunos
Designers instrucionais	Como o LA permite compreender melhor quem são os alunos-alvo e suas necessidades de aprendizagem e como testar protótipos da solução educacional, coletando dados para análise e ajustes do design instrucional proposto antes, durante e depois da implementação
Gestores e tomadores de decisão	Como o LA pode apoiar a tomada de decisões (inclusive financeiras), identificar potenciais alunos "em risco", melhorar as taxas de retenção e conclusão, desenvolver políticas de recrutamento de estudantes e determinar as necessidades de contratação de pessoal

Fonte: adaptado de CHATTI *et al.*, 2011.

Embora o objetivo comum seja o de aperfeiçoar o processo de ensino-aprendizagem, pode haver conflito de interesses entre as partes interessadas. Por exemplo, o uso de LA pela equipe de administração visando a encontrar exemplos de boas práticas de ensino pode fazer os professores se sentirem avaliados e controlados. Os alunos também podem temer que seus dados pessoais não sejam usados para **avaliação formativa**, mas sim com fins classificatórios. Portanto, a integração do LA na prática cotidiana é um desafio que deve ser acompanhado por estruturas didáticas e organizacionais apropriadas.

3.8.3.3 Objetivos do LA (Por quê?)

Existem muitos objetivos em LA, de acordo com o ponto de vista particular das diferentes partes interessadas. Os possíveis objetivos incluem monitoramento, análise, previsão, intervenção, tutoria e mentoria, avaliação, *feedback*, adaptação, personalização, recomendação e reflexão, como mostra o Quadro 3.11.

Quadro 3.11 Objetivos do LA

Objetivo	Descrição
Monitoramento e análise	Envolvem acompanhar as atividades dos alunos e gerar relatórios para apoiar as tomadas de decisão pelo professor ou pela instituição; bem como se relacionam com o design instrucional e referem-se à avaliação do processo de aprendizagem com o objetivo de melhoria contínua, além de permitirem detectar padrões e tomar decisões sobre o futuro design das atividades de aprendizagem.
Previsão e intervenção	Implicam desenvolver um modelo preditivo que procure prever o conhecimento dos alunos e seu desempenho futuro com base em suas atuais atividades e realizações, possibilitando uma intervenção proativa para aqueles que precisam de apoio adicional. ➕ Veja mais sobre modelos preditivos à p. 20.
Tutoria e mentoria	A tutoria apoia os alunos em atividades de aprendizagem, por vezes muito específicas, de domínio limitado ao contexto de um curso, enquanto a mentoria vai um pouco além, apoiando o aluno durante todo o processo em que está vinculado a uma instituição (incluindo orientação no planejamento de carreira, supervisão na conquista de metas e auxílio para enfrentar novos desafios).
Avaliação e *feedback*	Apoiam a (auto)avaliação do processo de aprendizagem, fornecendo *feedback* inteligente para alunos e professores com base em dados sobre os interesses do usuário e o contexto de aprendizagem.
Adaptação	Pode ser desencadeada pelo professor/**Sistema de Tutoria Inteligente** ou pela instituição educacional, organizando de modo adaptável recursos de aprendizagem e atividades de instrução de acordo com as necessidades de cada aluno. ➕ Veja mais sobre Sistemas de Tutoria Inteligente à p. 148.
Personalização e recomendação	Ajudam os alunos a decidir sobre sua própria aprendizagem com base em suas preferências e em **sistemas de recomendação** que promovem a aprendizagem autodirigida. ➕ Veja mais sobre sistemas de recomendação à p. 125.
Reflexão	Propicia a comparação de dados no mesmo curso, em várias turmas ou mesmo entre instituições, para que professores e alunos possam refletir e tirar conclusões sobre a efetividade das práticas de ensino e aprendizagem.

Fonte: adaptado de FILATRO; CAVALCANTI, 2018.

Os objetivos do LA precisam de um conjunto personalizado de indicadores e métricas de desempenho que vão além das notas e dos índices de permanência x evasão, a fim de apoiar diferentes formas de aprender, incluindo aprendizagem autodirigida, aprendizagem em rede, aprendizagem informal e aprendizagem ao longo da vida. Isso implica, em última instância, criar um perfil completo do aluno "policontextual" que possa ser usado como base para a modelagem de ações efetivas de intervenção, personalização ou recomendação ao longo da vida.

3.8.3.4 Métodos no LA (Como?)

O LA utiliza diferentes métodos para detectar padrões ocultos em conjuntos de dados educacionais. Esses métodos podem ser agrupados em quatro grandes categorias, como mostra o Quadro 3.12.

Quadro 3.12 Principais métodos usados no LA

Métodos	Descrição
Estatísticas	A maioria dos LMSs existentes implementa ferramentas de relatório que fornecem estatísticas básicas (média, mediana e desvio padrão) da interação dos alunos com o sistema. Exemplos incluem: • tempo on-line; • número total de acessos; • número de acessos por página; • distribuição de acessos ao longo do tempo; • frequência de postagens/respostas dos alunos; • porcentagem de material lido/ouvido/assistido.
Data Mining	O Data Mining utiliza métodos de classificação, análise de regressão, clusterização, entre outros, para descobrir padrões ou conhecimentos úteis a partir de fontes de dados, como textos, imagens, vídeos etc.
Análise de Redes Sociais	Métodos de Análise de Redes Sociais permitem o estudo quantitativo das relações entre indivíduos ou organizações. Ao quantificar as estruturas sociais, é possível determinar os nós mais importantes da rede.
Visualização de Dados (*data viz*)	Representar visualmente os resultados obtidos com os métodos de LA pode facilitar a interpretação e a análise dos dados pelas partes interessadas. Por essa razão, os tradicionais relatórios baseados em tabelas de dados estão sendo cada vez mais substituídos por dashboards reunindo gráficos, diagramas de dispersão, representações 3D e mapas para mostrar diferentes indicadores de desempenho. ⊕ Veja mais sobre Visualização de Dados à p. 56.

Fonte: adaptado de CHATTI *et al.*, 2011.

Diferentes técnicas podem ser usadas, dependendo dos objetivos da tarefa de análise. O desafio é projetar e desenvolver ferramentas estatísticas, de visualização, de filtragem e de mineração que possam ajudar alunos, professores e instituições a obter suas análises sem a necessidade de ter amplo conhecimento das técnicas subjacentes a essas ferramentas.

Outro desafio é desenvolver ferramentas de LA que possam ser integradas aos ambientes e sistemas de aprendizagem, visando principalmente a minimizar o intervalo de tempo entre a análise e a ação.

Para saber mais sobre os fundamentos da estatística que auxiliam na tomada de decisão no campo educacional, aponte seu aparelho para o QR Code ao lado e veja: MEDEIROS, C. A. de. *Estatística aplicada à educação*. Brasília: Universidade de Brasília, 2009.
http://portal.mec.gov.br/seb/arquivos/pdf/profunc/estatistica.pdf

3.8.4 Plataformas de LA

Learning Analytics Plataform (LAP), ou **Plataforma de Analítica da Aprendizagem**, é o termo que descreve o software destinado a coletar, transformar e armazenar dados educacionais de larga escala, a fim de gerar *insights* e construir visualizações em tempo real usadas em relatórios educacionais.[21]

Para fornecer informação *just-in-time* a alunos e educadores, a LAP deve ter uma arquitetura paralela que permita o tratamento efetivo de dados de ***streaming***. Isso pressupõe capacidade de lidar com imperfeições de dados, gerar resultados previsíveis e garantir a segurança e a disponibilidade dos dados. Além disso, a arquitetura deve ser escalável e tolerante a falhas de software e hardware, para, sob circunstância alguma, não perder nenhum dado.

Além disso, a plataforma deve seguir padrões de interoperabilidade técnica, como xAPI e IMS Caliper, que possibilitem a coleta de dados de maneira padronizada.

---

21 LEWKOW, N. *et al. Learning analytics platform*: towards an open scalable streaming solution for education. Disponível em: https://pdfs.semanticscholar.org/622b/cba6ebd1e38e8593d7ac55b7510cf9656cfa.pdf?_ga=2.1834291.346784906.1582666418-1992456357.1581193573. Acesso em: 30 abr. 2020.

Um exemplo de PLA que vem sendo bastante aceito no setor educacional é o Intelliboard.[22] Por meio da integração com LMSs, como Moodle, Blackboard, Canvas e Design2Learning, a plataforma fornece relatórios e análises expandidas em um único dashboard, como mostra a Figura 3.6.

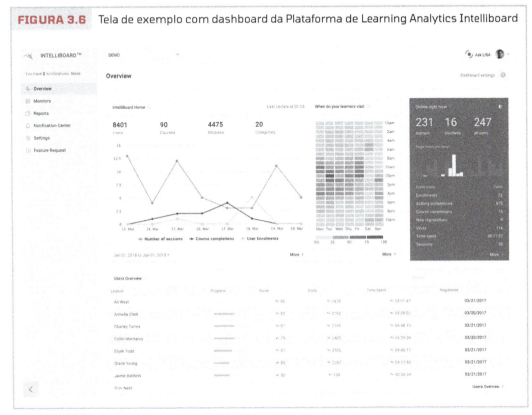

FIGURA 3.6 Tela de exemplo com dashboard da Plataforma de Learning Analytics Intelliboard

Fonte: INTELLIBOARD.

---

22 INTELLIBOARD. Disponível em: https://intelliboard.net/. Acesso em: 30 abr. 2020.

Há várias outras ferramentas utilizadas para LA que não constituem plataformas completas, mas sim módulos ou *plug-ins* acoplados a LMSs, como é o caso do SmartKlass[23] e do Google Analytics for Moodle.[24] Outras ferramentas de diferentes alcances e finalidades são Graphical Interactive Student Monitoring (GISMO), LOCO-Analyst e Social Networks Adapting Pedagogical Practice (SNAPP).[25]

3.8.5 Padrões para LA

Espera-se que uma plataforma dedicada ao LA siga padrões internacionais de programação e registro de dados que viabilizem a interoperabilidade técnica, ou seja, a capacidade de um sistema de se comunicar de forma transparente com outro sistema.

Os principais padrões para LA são descritos no Quadro 3.13.

---

23 MOODLE. *Learning analytics Moodle*. Disponível em: https://moodle.org/plugins/local_smart_klass. Acesso em: 30 abr. 2020.

24 MOODLE. *Google analytics*. Disponível em: https://moodle.org/plugins/local_ganalytics. Acesso em: 30 abr. 2020.

25 Para uma lista completa, com comentários detalhados, veja: RAY, S. K.; SAEED, M. Applications of educational data mining and learning analytics tools in handling big data in higher education: trends, issues, and challenges. In: ALANI, M. *et al.* (eds.). *Applications of big data analytics*. Springer, 2018. Disponível em: https://www.researchgate.net/publication/326554623_Applications_of_Educational_Data_Mining_and_Learning_Analytics_Tools_in_Handling_Big_Data_in_Higher_Education_Trends_Issues_and_Challenges. Acesso em: 30 abr. 2020.

Quadro 3.13 Padrões técnicos relacionados às Plataformas de LA

ADL xAPI

Application Programming Interface (API) permite o rastreamento dinâmico das atividades de qualquer sistema computacional (dos tradicionais LMSs aos dispositivos móveis, simulações digitais, e-books, jogos educacionais, tecnologias vestíveis, objetos de realidade aumentada ou ambientes de **realidade virtual** etc.), ou seja, coleta dados sobre atividades que um aprendiz realiza mesmo fora dos tradicionais ambientes on-line. É o padrão que orienta o LRS.

A versão inicial foi lançada em abril de 2013 pela Advanced Distributed Learning Initiative (ADL),[26] como um aperfeiçoamento do padrão Sharable Content Object Reference Model (SCORM), ou Modelo de Referência para Objetos de Conteúdo Compartilhável, amplamente adotado para desenvolver **objetos de aprendizagem (OAs)** digitais.

IMS Caliper Analytics

Especificação que permite compartilhar entre diferentes soluções educacionais dados de aprendizagem provenientes de diferentes fontes, além de mapear fluxos de alto volume de dados, em tempo real, com vistas a oferecer LA para auxiliar o planejamento acadêmico, o design de programas e cursos e medidas de intervenção com relação aos alunos.

A versão 1.1 foi lançada em janeiro de 2018 pelo IMS Global Learning Consortium[27] e tem sido adotada por LMSs como Moodle, Blackboard e Desire2Learning, para efetuar análises preditivas e fornecer informações sobre atividades de aprendizagem, eficácia de recursos e o engajamento de estudantes.[28]

Fonte: adaptado de FILATRO, 2019.

Sem padrões, é difícil comparar, contrastar e correlacionar efetivamente atividades de aprendizagem, determinar a eficácia de currículos e avaliar a interação dos alunos. Ou seja, não se trata apenas de um procedimento tecnológico, em termos do formato dos dados, mas de uma forma padronizada de lidar com os dados educacionais, desde a coleta até a tomada de decisão estratégica visando à melhoria do processo de ensino-aprendizagem.

---

26 ADL. Experience xAPI. Disponível em: https://adlnet.gov/projects/xapi/. Acesso em: 30 abr. 2020.
27 IMS GLOBAL. Caliper Analytics. Disponível em: https://www.imsglobal.org/activity/caliper. Acesso em: 30 abr. 2020.
28 A título de curiosidade, o significado do termo inglês *caliper* é "paquímetro", ferramenta que trabalha com precisão e serve para medir a distância entre dois lados simetricamente opostos de um objeto.

3.8.6 Learner Analytics

Como subcampo do LA, o **Learner Analytics**, ou **Analítica do Aluno**, está voltado à coleta, análise e descoberta de conhecimento, a partir dos dados de alunos quanto a traços cognitivos (estilos cognitivos, preferências de aprendizagem, conhecimentos anteriores, experiências prévias e similares) e não cognitivos (motivação, expectativas, experiências pessoais, interesses extracurriculares, ocupação profissional, *status* socioeconômico e até situação familiar).

Um diferencial é que o Learner Analytics é centrado em ajudar o aluno a entender seu próprio desenvolvimento ao longo do tempo por meio de ferramentas de visualização, como dashboards, incluindo, por exemplo, seu progresso em um ano em comparação ao ano anterior ou a comparação de seu registro de frequência ou de desempenho em vários cursos.

O Quadro 3.14 mostra como o Learner Analytics se compara com as demais analíticas educacionais.

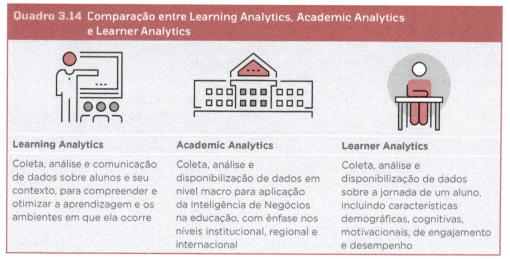

Quadro 3.14 Comparação entre Learning Analytics, Academic Analytics e Learner Analytics

Learning Analytics	Academic Analytics	Learner Analytics
Coleta, análise e comunicação de dados sobre alunos e seu contexto, para compreender e otimizar a aprendizagem e os ambientes em que ela ocorre	Coleta, análise e disponibilização de dados em nível macro para aplicação da Inteligência de Negócios na educação, com ênfase nos níveis institucional, regional e internacional	Coleta, análise e disponibilização de dados sobre a jornada de um aluno, incluindo características demográficas, cognitivas, motivacionais, de engajamento e desempenho

Fonte: adaptado de LONG; SIEMENS, 2011; BISHOP, 2017.

O Learner Analytics é tão centrado no aluno que se ocupa em melhorar sua jornada completa de aprendizagem, em última instância, ao longo de toda a sua vida, inclusive em ambientes não formais de aprendizagem. Além disso, abrange questões sensíveis como consentimento, confidencialidade e discrição no tratamento dos dados, para não mencionar aspectos relacionados à acessibilidade, inclusive por pessoas com deficiências.

3.8.7 Academic Analytics

Academic Analytics, ou Analítica Acadêmica ou Institucional, é a expressão usada para descrever o uso de macrodados originados dos sistemas de informação das instituições de ensino ou dos departamentos de educação corporativa para a tomada de decisão administrativa ou gerencial.

> **ORIGENS**
>
> A área de Academic/Institutional Analytics surgiu em 2005, como resultado de um projeto de pesquisa iniciado pelo dr. Lawrence Martin, ex-reitor da Graduate School da Stony Brook University e diretor do Turkana Basin Institute.[29] De lá para cá, vem sendo empregada por inúmeras instituições, especialmente no ensino superior.

Identifica-se com o campo do Business Analytics, consagrado no mundo dos negócios, mas com a diferença de que busca refletir a natureza e a missão do "negócio" educacional.[30] Mesmo com foco preponderante na educação, o Academic Analytics é muito mais voltado a questões administrativas, como aumento de matrículas e gestão de recursos financeiros, do que o LA (com maior foco no processo de ensino-aprendizagem em si) ou o EDM (com maior foco na tecnologia).

➕ Veja mais sobre LA e EDM às págs. 100 e 47, respectivamente.

---

29 ACADEMIC ANALYTICS. Disponível em: https://www.academicanalytics.com/. Acesso em: 30 abr. 2020

30 GOLDSTEIN, P.; KATZ, R. *Academic analytics*: the uses of management information and technology in higher education. EDUCAUSE Center for Analysis and Research (ECAR), 12 dez. 2005. Disponível em: https://library.educause.edu/resources/2005/12/academic-analytics-the-uses-of-management-information-and-technology-in-higher-education. Acesso em: 30 abr. 2020.

A Analítica Acadêmica depende da extração de dados de um ou mais sistemas, como o sistema de gerenciamento acadêmico e o LMS. Os dados são analisados usando software estatístico, podendo gerar modelos matemático-estatísticos. Com base no modelo e nos valores predeterminados, uma ação específica pode ser desencadeada, como enviar ao aluno uma notificação eletrônica ou iniciar uma intervenção pessoal por funcionários da universidade.

Algumas das principais aplicações do Academic Analytics são mostradas no Quadro 3.15.

Quadro 3.15 Aplicações do Academic Analytics

Marketing	Logística	Retenção de alunos	Accountability
Estimativas de conversão de *prospects* (interessados) em alunos matriculados, por meio de cruzamento de dados (por exemplo, entre visitas ao campus físico ou site institucional e efetivação de inscrições	Estimativas de fechamento de turmas, planejamento de atribuição de aulas a professores e gerenciamento de espaços físicos e virtuais	Identificação de alunos em risco de abandonar um curso e posterior implantação de intervenções proativas, como atendimento personalizado, aconselhamento, orientação de carreira e ajuda financeira	Demonstração de resultados para prestação de contas a governos, nas mais variadas esferas do ensino público, e a acionistas, no caso de universidades e redes de ensino privadas

Fonte: adaptado de CAMPBELL; DEBLOIS; OBLINGER, 2007.

Como se pode deduzir, o sucesso do Academic Analytics depende do comprometimento da liderança com a tomada de decisões com base em dados institucionais. De igual modo, as equipes precisam ter a habilidade de criar e interpretar modelos preditivos baseados em dados institucionais guiados por pesquisas educacionais.

Entretanto, um projeto desse tipo depende, e muito, de ferramentas tecnológicas. Um data warehouse é o componente principal da infraestrutura, dada sua capacidade de hospedar informações de várias fontes em uma estrutura comum que permite a mineração e a analítica de dados pela equipe envolvida.

CAPÍTULO 4

INTELIGÊNCIA ARTIFICIAL (IA)

A **Inteligência Artificial (IA)** é a área do conhecimento que lida com o desenvolvimento de máquinas, sistemas e computadores capazes de imitar a inteligência humana.

ORIGENS

A IA começa oficialmente como disciplina acadêmica na Conferência de Dartmouth em 1956. Antes disso, Alan Turing publicou o clássico artigo sobre máquinas que pensam, no qual propôs o que posteriormente ficou conhecido como o Teste de Turing, que avalia a capacidade de uma máquina exibir comportamento inteligente equivalente ou indistinguível de um ser humano.[1]

Para saber mais sobre o Teste de Turing, aponte seu aparelho para o QR Code ao lado e acesse o vídeo do canal Ciência Todo Dia.
https://www.youtube.com/watch?v=zIZ-FmmEWyw

A Figura 4.1 apresenta o desenvolvimento cronológico e a relação entre IA, Machine Learning (ML), ou Aprendizado de Máquina, e Deep Learning (DL), desde 1950 até 2010 e além.

---

1 TURING, A. M. Computing machinery and intelligence. *Mind*, New Series, v. 59, n. 236, p. 433-460, out. 1950.

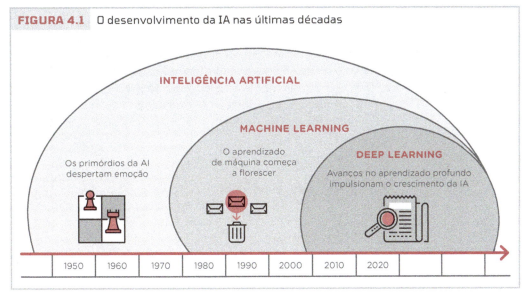

Fonte: GOKSEL; BOZKURT, 2019.

A Figura 4.1 nos ajuda a entender a IA como um conceito que aponta para a direção que estamos seguindo, e não para uma posição que já alcançamos.

Resumidamente, a IA é capaz de:

- automatizar tarefas repetitivas, por meio de agentes inteligentes que percebem o ambiente e agem visando a maximizar um resultado; e
- aprimorar a tomada de decisão humana, encontrando soluções para problemas a partir de algoritmos desenvolvidos por humanos.

Em outras palavras, a IA aprende os comandos fornecidos executando as tarefas repetidamente e consegue de alguma forma gerar um caminho de decisão para os seres humanos, oferecendo alternativas.[2]

---

2 HOUSMAN, 2018 apud GOKSEL, N.; BOZKURT, A. Artificial intelligence in education: current insights and future perspectives. In: SISMAN-UGUR, S.; KURUBACAK, G. (eds.). *Handbook of research on learning in the age of transhumanism*. Hershey: IGI Global, 2019.

Algo que vale a pena mencionar é o **efeito IA**. Esse conceito descreve a situação em que, uma vez que um aplicativo de IA se torna comum, ele não é mais considerado IA. Isso acontece porque a tendência das pessoas é não pensar mais na solução como inteligência real, mas sim como mais uma aplicação da computação normal.[3]

Para conhecer e testar um jogo que usa IA para "adivinhar" personagens (o Akinator), aponte seu aparelho para o QR code ao lado.
https://pt.akinator.com/

---

[3] CASTROUNIS, A. Artificial intelligence, deep learning, and neural networks, explained. *KDnuggets*, out. 2016. Disponível em: https://www.kdnuggets.com/2016/10/artificial-intelligence-deep-learning-neural-networks-explained.html. Acesso em: 30 abr. 2020.

4.1 TIPOS DE IA

A caracterização da IA nos ajuda a compreender o grau de inteligência que uma máquina pode exibir, desde o mais restrito e leve até a chamada Superinteligência Artificial (Super IA). É o que mostra o Quadro 4.1.

Quadro 4.1 Tipos de IA

Tipo	Descrição	Exemplos
IA Limitada ou Fraca	O tipo mais básico de IA é aplicado a domínios ou tarefas específicos. Processa grandes volumes de dados e realiza cálculos complexos muito rapidamente, mas não aprende novas tarefas, tomando decisões com base em algoritmos programados e treinamento de dados.	Tradutores de idioma, assistentes virtuais, veículos autônomos, mecanismos inteligentes de busca na Web, sistemas de recomendação e filtros de *spam* inteligentes.
IA Geral ou Forte	Combinação de muitas estratégias de IA que podem aprender a partir da experiência, de forma "tão inteligente quanto um ser humano". Passaria facilmente no Teste de Turing, ao interagir e operar com uma variedade de tarefas independentes e não relacionadas, além de aprender novas tarefas para resolver novos problemas, ensinando a si mesma novas estratégias.	Máquinas clientes que não apenas criam representações do mundo, mas também compreendem que pessoas e objetos têm pensamentos e emoções que devem ser considerados; e máquinas autoconscientes que não apenas têm consciência do seu exterior, mas também de si mesmas.
IA Consciente ou Super IA	Tipo hipotético de IA, muito mais inteligente do que o "melhor" cérebro humano em todas as capacidades intelectuais conhecidas. No extremo, pode representar um futuro promissor ou assustador: a imortalidade ou a extinção humana.[4]	Abrange desde um computador que é um pouco mais inteligente que um ser humano até uma máquina que é milhões de vezes melhor em todas as capacidades intelectuais do que o mais brilhante ser humano é capaz de ser.

Fonte: adaptado de GABRIEL, 2018; JOSHI, 2019.

Para acessar um vídeo que demonstra como o Skype faz tradução simultânea de voz, aponte seu aparelho para o QR code ao lado.
https://www.youtube.com/watch?v=G87pHe6mP0I

---

[4] Baseia-se no conceito de "superinteligência", cunhado pelo filósofo sueco Nick Bostrom, da Universidade de Oxford, segundo o qual se os cérebros das máquinas ultrapassarem o cérebro humano na inteligência geral, essa superinteligência poderá substituir os seres humanos como a forma de vida dominante na Terra, suposição que, embora remota, suscita discussões na comunidade científica e em toda a sociedade. A esse respeito, veja: BOSTROM, N. *Superinteligência*: caminhos, perigos e estratégias para um novo mundo. Rio de Janeiro: DarkSide Books, 2018.

Veja mais sobre ML e DL às p. 117 e 123, respectivamente.

A Inteligência Limitada ou Fraca representa praticamente toda a IA existente, incluindo até as máquinas mais complexas que empregam **ML** e **DL**. Essas máquinas não podem fazer nada além do que estão programadas para fazer e, portanto, têm uma gama muito limitada ou estreita de competências. Atualmente, há uma percepção na comunidade científica que entre IA fraca e IA forte há um longo caminho a ser percorrido – se é que a IA forte será atingida. As suposições giram em torno do constante e rápido avanço não só nos métodos oriundos de pesquisas cada vez mais numerosas, mas também no poder computacional que vem se multiplicando nos últimos anos.

Veja mais sobre Singularidade Tecnológica à p. 161.

A Super IA, que permanece no horizonte da pesquisa, além de replicar a inteligência multifacetada dos seres humanos, será extremamente melhor devido ao maior poder de memória, ao mais rápido processamento e análise de dados e à capacidade de tomar decisões. Esse futuro corresponde a um cenário descrito popularmente como **Singularidade Tecnológica**.

4.2 ÁREAS DA IA

Da mesma forma que a inteligência humana usa suas várias funções (por exemplo, memória, raciocínio, aprendizagem, solução de problemas, percepção, linguística, sentidos, locomoção etc.), na prática, a IA utiliza diversos métodos e algoritmos para conectar áreas variadas e se manifestar.

A Figura 4.2 apresenta as principais áreas da IA.

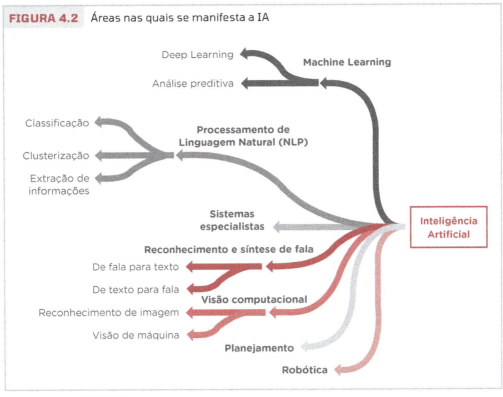

FIGURA 4.2 Áreas nas quais se manifesta a IA

Fonte: adaptada de MORISSE, 2017.

Cada uma dessas áreas busca responder a um conjunto de questões de interesse humano: Como reconhecer objetos? Como transformar sons em palavras e vice-versa? Como extrair significados de textos brutos organizados em sentenças e frases? Como combinar dados e informações para chegar a novos conhecimentos e conclusões? Como organizar uma sequência de ações para atingir determinado objetivo?[5]

Para responder a essas perguntas, a IA se fundamenta na psicologia, na linguística, na filosofia, na pedagogia, na neurociência e, é claro, na ciência da computação. Atualmente, a área que se tem destacado é, sem dúvida, o DL, principalmente por suas contribuições em praticamente todas as demais áreas.

 Para conhecer uma série de experiências de aprendizagem empregando com diferentes técnicas de Inteligência Artificial, aponte seu aparelho para o QR Code ao lado e acesse o projeto Experiments for Learning, do Google.
https://experiments.withgoogle.com/

---

[5] Perguntas inspiradas em: GABRIEL, M. *Você, eu e os robôs*: pequeno manual do mundo digital. São Paulo: Atlas, 2018.

4.3 PROCESSO DE IA

A IA se desmembra em muitas áreas que buscam imitar funções cognitivas humanas, como linguagem, movimento, percepção, generalização e solução de problemas.

Apesar de cada área adotar uma metodologia própria de desenvolvimento, para fins didáticos e evitando generalizações impróprias, podemos pensar em um processo comum para o tratamento de grandes volumes de dados, considerando uma das características distintivas da IA: a presença de um **agente autônomo** na tomada de decisão.

A Figura 4.3 resume as etapas desse processo.

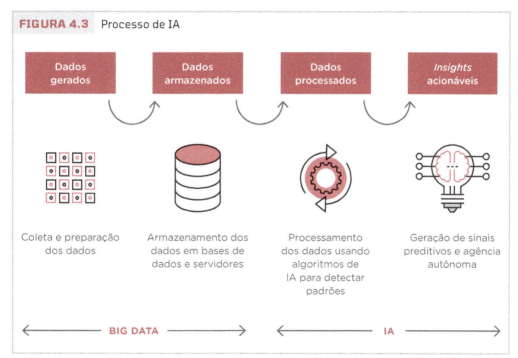

FIGURA 4.3 Processo de IA

Fonte: adaptada de COOK, 2018.

Esse processo mostra como desenvolvimentos recentes da tecnologia, como o **Big Data**, transformaram significativamente o escopo e o futuro da IA.

⊕ Veja mais sobre Big Data à p. 1.

De fato, com o crescimento exponencial do poder computacional, milhões de conjuntos de dados agora podem ser processados em nanossegundos. Além dos recursos de computação sequencial por meio de Central Processing Units (CPUs), ou Unidades de Processamento Central, os dispositivos também possuem Graphical Processing Units (GPUs), ou Unidades de Processamento Gráfico, de computação paralela, que permitem processar grandes quantidades de dados em tempo real e derivar tendências e regras para Machine Learning.

Com a disponibilidade de dispositivos de memória em larga escala, de baixo custo e altamente confiáveis, os dados não precisam mais ser centralizados e armazenados na memória de um único computador. O armazenamento de dados distribuídos em nuvem permite o processamento paralelo de Big Data.

Além disso, no início da IA, as máquinas precisavam "aprender" o novo comportamento a partir de conjuntos de dados de amostra limitados, usando uma abordagem de análise de dados baseada em hipóteses. Mas, com o Big Data, é possível usar dados reais, disponíveis o tempo todo.

Por fim, linguagens e plataformas de programação simples e de código aberto, como Python ou R, favorecem a análise estatística de dados, ao passo que plataformas de gerenciamento, como o Hadoop, são capazes de ler e analisar conjuntos de dados distribuídos e armazenados na forma de clusters em diferentes máquinas.

Essa é a força da IA impulsionada pelo Big Data. Esse processo possibilita processar e analisar grandes conjuntos de dados para descobrir padrões, tendências e associações significativas que viabilizam a tomada de decisão por humanos e máquinas.[6]

---

6   ANURADHA, C. How is big data empowering artificial intelligence: 5 essentials you need to know. *Your Story*, 2018. Disponível em: https://yourstory.com/2018/02/big-data-empowered-artificial-intelligence?utm_pageloadtype=scroll. Acesso em: 30 abr. 2020.

4.4 IA *VERSUS* DATA MINING *VERSUS* DATA ANALYTICS

Quando entramos no tema IA, fica patente certa sobreposição de conceitos e procedimentos com aqueles empregados no campos Data Mining e Data Analytics, os quais consideramos sob o guarda-chuva do Data Science. Entretanto, esses termos não são totalmente intercambiáveis.

A principal distinção é que o Data Mining e o Data Analytics buscam gerar significado, *insights* e previsões dos fenômenos analisados, enquanto a IA produz ações.

De fato, no Data Mining e no Data Analytics (neste último mais ainda), não importa se o foco é analisar trilhões de registros, desenvolver técnicas estatísticas de ponta ou criar visualizações interativas, há sempre um ser humano buscando entender dados, visualizar informações ou tomar decisões a partir das conclusões geradas.

Embora a IA seja mais antiga e mais amplamente reconhecida que o Data Mining e o Data Analytics, é a mais desafiadora de definir, uma vez que o tema é cercado por muita publicidade e polêmica. Um tópico comum nas definições de "Inteligência Artificial", contudo, é que geralmente há um agente autônomo (uma máquina ou sistema) executando ou recomendando ações, ou seja, operando com completa autonomia e decidindo por si só como relacionar os dados com ações de modo que os objetivos sejam atingidos com sucesso.

A bem do entendimento, o Quadro 4.2 explora as diferenças entre três subáreas distintas e inter-relacionadas (mesmo considerando que as fronteiras entre elas não são tão rígidas assim).

Quadro 4.2 Comparação entre Text Mining, Text Analytics e NLP

	**Text Mining** (Mineração de Texto)	Utiliza técnicas como tokenização (separação de palavras ou sentenças em unidades), lematização (redução de palavras a seu radical), remoção de *stop-words* (palavras frequentes e sem significado em si, como artigos, pronomes e preposições), entre outras, para tratar dados textuais
	Text Analytics (Analítica Textual)	Aplica técnicas como Extração de Informações, Resumo de Texto, Question Answering (QA), ou Resposta a Perguntas, e Análise de Sentimentos para prever/prescrever ou inferir informações dos dados textuais.
	Natural Language Processing (NLP) (Processamento de Linguagem Natural)	Ajuda as máquinas a "ler" textos (ou outra entrada de linguagem, como a fala), simulando a capacidade humana de compreender um idioma natural, como o inglês, o espanhol ou o português, e também gera linguagem natural, simulando a capacidade humana de criar textos, por exemplo, ao resumir informações ou ao participar de um diálogo.

Fonte: adaptado de EDUCBA.

> Veja mais sobre Text Analytics à p. 71 e sobre Processamento de Linguagem Natural à p. 129.

> Veja mais sobre EDM à p. 47; LA à p. 82; IA na p. 105; e Sistemas de Recomendação à p. 125.

Então, no campo educacional, se analisarmos alguns dados de conclusão de disciplinas em uma graduação on-line e descobrirmos que alunos de determinados polos presenciais concluem mais do que outros – Educational Data Mining (EDM), ou Mineração de Dados Educacionais –, teremos como saída do processo alguns números e gráficos – Learning Analytics (LA), ou Analítica da Aprendizagem –, e não uma ação específica. Os gestores podem usar essas conclusões para mudar os serviços do polo, mas essa ação não é autônoma, como poderia ser se um sistema de IA adaptasse os conteúdos, as atividades e os *feedbacks* de um curso via Sistemas de Recomendação e/ou estratégias de **gamificação**, tanto quanto personalizasse o apoio docente/suporte técnico para os alunos conforme as especificidades das regiões geográficas nas quais estão inseridos.

4.5 MACHINE LEARNING (ML)

Machine Learning (ML), ou Aprendizado de Máquina, é um subconjunto da IA que utiliza algoritmos de computador para analisar dados e tomar decisões inteligentes com base no que a máquina aprendeu, mesmo sem ter sido explicitamente programada por humanos.

Há aqui um ponto importante a ser esclarecido: quando dizemos que não há programação explícita feita por humanos, isso não significa que computadores, sistemas, algoritmos ou o que quer que seja tenham deliberadamente agido por conta própria. O que ocorre na verdade é que a máquina toma decisões com base em técnicas matemáticas e estatísticas programadas por um ser humano, como exemplifica o Quadro 4.3, que destaca a diferença entre a programação tradicional e o ML.

Quadro 4.3 Comparação entre programação tradicional e ML		
	Programação tradicional	**ML**
Problema a ser resolvido	Uma regra **SE-ENTÃO (IF-THEN)** é definida explicitamente por um ser humano como:	Uma regra **SE-ENTÃO (IF-THEN)** é resultado de um algoritmo computacional que gera algo como:
Solução construída	"SE x for maior do que y, ENTÃO faça tal coisa"	"SE x for maior que y, ENTÃO faça tal coisa"
Método	Um ser humano define o parâmetro y.	O parâmetro y é definido como resultado do algoritmo embarcado de técnicas matemáticas e estatísticas programadas por um ser humano.
Análise comparativa	O ser humano pode não encontrar a melhor solução possível *a priori*.	A máquina analisa o maior conjunto de possibilidades possível por meio do algoritmo mais adequado e encontra a solução ótima.

Fonte: elaborado pelo revisor técnico e pela autora.

No nível mais básico, o ML procura desenvolver métodos para os computadores melhorarem seu desempenho em determinadas tarefas com base nos dados observados – incluindo não apenas números, mas também textos, imagens, vídeos, classificações, frequências, sequências de genes, registros de sensores, toques, cliques, listas de recomendações, objetos, rostos e pessoas. Simplificando, o ML é um sistema no qual os dados existentes são usados para gerar *insights* ou fazer previsões futuras.

Por exemplo, podemos abastecer um programa de ML com um grande volume de fotos de pessoas sorrindo e treinar o modelo para retornar o rótulo "pessoas sorrindo" sempre que uma imagem desse tipo for oferecida. Podemos fazer o mesmo com pessoas aborrecidas e, então, quando for mostrada uma foto de uma pessoa sorrindo ou aborrecida, o modelo rotulará a foto com algum nível de confiança.

Para assistir a um vídeo com linguagem bem acessível sobre o que é ML, com Marcelo Tas, aponte seu aparelho para o QR Code ao lado.
https://www.youtube.com/watch?v=Z1YHbI0Ih88&list=PLXLGE8vwYXbIiAyfAlPF-gBvc54nc-uFa&index=2

4.5.1 Como as máquinas aprendem?

O ML trabalha com a construção de algoritmos capazes de aprender com os erros e fazer previsões sobre dados. Esses algoritmos são ensinados (ou treinados) a reconhecer padrões em uma grande de quantidade de dados; a partir daí, constroem modelos que permitem fazer previsões ou tomar decisões guiadas pelos dados, em vez de simplesmente seguir instruções programadas de modo inflexível e estático.

Existem três maneiras de ensinar (treinar) os algoritmos de ML, como resume a Figura 4.4.

FIGURA 4.4 Tipos de Machine Learning

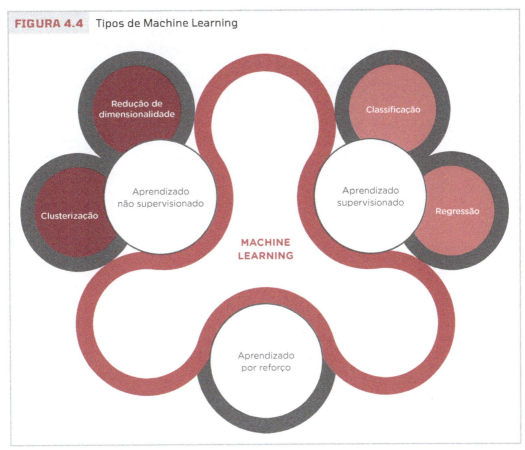

Fonte: adaptada de KRZYK, 2018.

Essas três formas de aprender são detalhadas a seguir.

4.5.1.1 Aprendizado supervisionado

No **aprendizado supervisionado**, um algoritmo é treinado com base em dados rotulados por seres humanos. É como se um "tutor" ou "supervisor" alimentasse a máquina com exemplos (entradas) de dados, a partir de respostas conhecidas, indicando qual padrão deve ser aprendido. Quanto mais exemplos forem fornecidos, mais preciso o algoritmo se torna na classificação de novos dados.

Sistemas de reconhecimento de fala, como Siri e Cortana, que treinam a voz do proprietário de um celular antes de começar a funcionar; sistemas de reconhecimento de letra cursiva, treinados para reconhecer a caligrafia; e filtros de e-mail que aprendem com informações passadas sobre mensagens normais ou *spam*, são alguns exemplos de aprendizagem supervisionada.

No campo educacional, o aprendizado supervisionado pode ser aplicado quando levantamos perguntas (como "Qual estratégia de aprendizagem gera melhores resultados de desempenho entre os alunos?"), uma vez que estamos tentando identificar as causas que impactam na variável "desempenho".

Para responder a esse tipo de pergunta, o aprendizado supervisionado utiliza técnicas como a classificação e a regressão.

→ **Classificação**: busca compreender e prever variáveis que podem ser:
  — binárias: apenas duas categorias, geralmente representadas por "ocorrência de um evento = 1" ou "não ocorrência de um evento = 0";
  — em faixas: como níveis de renda, faixas de idade, **escalas Likert** etc.;
  — variáveis puramente categóricas não ordenadas: como gênero, raça, setor de atuação da empresa etc.

→ **Regressão**: busca descobrir como uma variável se comporta à medida que outras variáveis sofrem oscilações.

O processo de rotular dados pode ser simples e tende a apresentar bons resultados, desde que um conjunto significativo de entradas esteja disponível para treinamento. No entanto, dados limpos, estruturados e rotulados não são facilmente encontrados, em especial porque a rotulagem exige a participação de especialistas no domínio de conhecimento ou prática – o que torna o processo caro ou demorado.

4.5.1.2 Aprendizado não supervisionado

O **aprendizado não supervisionado** permite que as máquinas aprendam por si mesmas sem que seja preciso dizer explicitamente se o que estão fazendo é certo ou errado. É mais comumente usado quando não existem exemplos de dados com respostas conhecidas (por exemplo, quando se buscam padrões desconhecidos em processos de Data Mining).

Um tipo de pergunta a que o aprendizado não supervisionado ajuda a responder é: Quais são os perfis de alunos que se comportam de forma diferenciada em relação à educação a distância? Neste caso, não existe uma variável específica a ser endereçada, pois estamos apenas buscando encontrar alunos com perfis semelhantes. A ideia, então, é o ser humano fornecer exemplos (entradas) de dados, sem os rótulos, e deixar que a máquina faça inferências e encontre padrões.

Esse tipo de aprendizado pode ser útil para agrupar dados de acordo com a sua similaridade, como mostra a Figura 4.5.

FIGURA 4.5 Reconhecimento de padrões no aprendizado não supervisionado

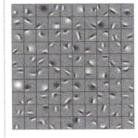
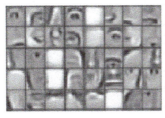
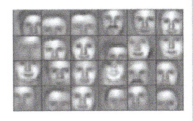

Fonte: DETTMERS, 2015.

Cabe observar que a visão computacional é um campo da IA que envolve reconhecimento de imagem e visão de máquina. Permite aos computadores identificar, processar e interpretar dados visuais, com a implementação de DL na identificação de padrões para interpretar o conteúdo de uma imagem, incluindo gráficos, tabelas e figuras, além de textos e vídeos.

➕ Veja mais sobre visão computacional à p. 132.

No aprendizado não supervisionado, depois que os dados são agrupados, diferentes técnicas podem ser usadas para explorá-los na busca de padrões, entre as quais citamos a redução de dimensionalidade e a clusterização.

➕ Veja mais sobre redução de dimensionalidade e clusterização às p. 42 e 38, respectivamente.

4.5.1.3 Aprendizado por reforço

O **aprendizado por reforço** (*reinforcement learning*) é baseado na experiência de tentativa e erro. O ser humano define o objetivo desejado, as ações permitidas e as restrições; a partir daí, o algoritmo descobre como alcançar o objetivo tentando diferentes combinações, sendo recompensado ou punido conforme a decisão tomada.

Em geral, o algoritmo não possui acesso ao histórico de ações tomadas por outros agentes, sejam eles humanos ou não. Assim, o algoritmo aprende a partir de suas próprias experiências, visando à maximização da recompensa a cada uma das ações dentro das restrições fornecidas.

Muitos especialistas acreditam que esse tipo de aprendizado, assim como o aprendizado não supervisionado, assemelha-se mais à forma como se desenvolve o conhecimento em um ser humano, do que acontece no aprendizado supervisionado. A Robótica é um exemplo de aplicação do aprendizado por reforço.

Veja mais sobre Robótica à p. 135.

4.6 DEEP LEARNING (DL)

O **Deep Learning (DL)**, ou Aprendizado Profundo, é um subconjunto do ML que usa **redes neurais** para simular a tomada de decisão humana.

As redes neurais são sistemas computacionais inspirados nas redes neurais dos seres humanos. De forma simplificada, o cérebro humano é composto por bilhões de células (neurônios) que controlam cada função e órgão do corpo. Os neurônios se conectam por meio de sinapses, formando uma rede que possui capacidade de processamento e armazenamento da informação. Essa é a rede neural.[7]

> As redes neurais são citadas em artigos científicos desde os anos 1940 e 1950. Na época, porém, não houve resultados significativos de aplicações dessas técnicas – o que se prolongou durante décadas, colocando em xeque a capacidade das redes neurais de resolver efetivamente problemas reais. A situação perdurou até o início dos anos 2000, com o advento das redes neurais profundas, dando origem ao DL.

ORIGENS

Em uma rede neural computacional, os neurônios artificiais imitam as funções dos neurônios biológicos, funcionando como receptores de entradas, processadores da informação e emissores de sinais de saída. O comportamento inteligente vem da rede neural resultante das interações entre cada unidade de processamento.

Assim, o DL é um tipo específico de ML que alcança grande poder e flexibilidade ao aprender a representar o mundo como uma rede neural, com a sequência de várias camadas, criando uma rede profunda de conhecimento. Cada camada opera com uma regra de ativação matemática, de forma simplificada, com uma saída do tipo 0 ou 1. Essa camada comunica o resultado à camada seguinte, e assim sucessivamente, criando essa rede profunda.

Um exemplo simples de como funciona o DL envolve a detecção de forma (por exemplo, um quadrado de outras figuras geométricas), como mostra a Figura 4.6.

---

7   GABRIEL, M., 2018.

FIGURA 4.6 Exemplo de como o Deep Learning funciona simulando o pensamento humano

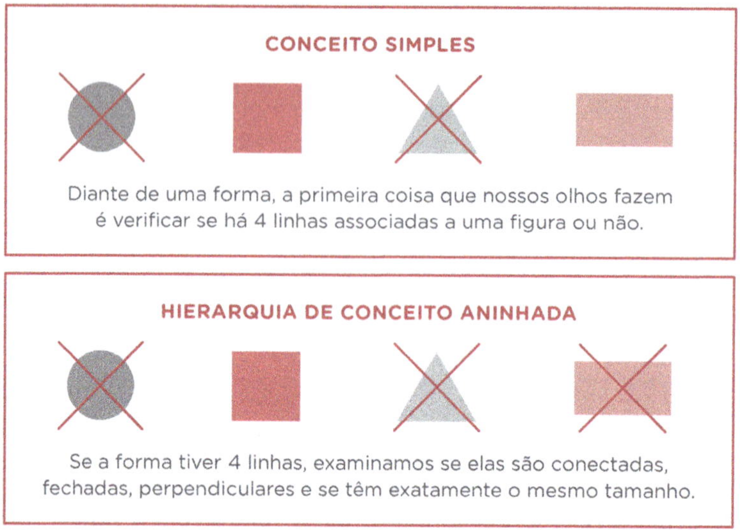

CONCEITO SIMPLES

Diante de uma forma, a primeira coisa que nossos olhos fazem é verificar se há 4 linhas associadas a uma figura ou não.

HIERARQUIA DE CONCEITO ANINHADA

Se a forma tiver 4 linhas, examinamos se elas são conectadas, fechadas, perpendiculares e se têm exatamente o mesmo tamanho.

O que fazemos em uma tarefa complexa (como identificar um quadrado) é dividi-la em tarefas simples e cada vez menos abstratas. O Deep Learning faz basicamente isso, só que em larga escala.

Fonte: adaptada de SHAIKH, 2017.

No DL, existem uma grande variedade de camadas, nas quais todos os tipos de formas e imagens podem ser capturados e inseridos nas camadas da rede neural em uma ordem específica. A saída final pode ser produzida passando todas as tarefas anteriores para diferentes camadas até que o resultado final seja alcançado. Cada tipo de camada é adequado para o tratamento de um tipo específico de dado ou problema. Assim, há camadas específicas que se mostram mais adequadas para o tratamento de imagens, áudio, texto etc.

Carros autônomos, assistentes de saúde, mapeamentos por imagem, sistemas de recomendação (por exemplo, de filmes ou livros) etc.[8] são exemplos de DL.

---

8 Nota do R.T.: em geral, o DL vem sendo aplicado com sucesso, cada vez mais, na resolução de inúmeros problemas aos quais antes se aplicavam técnicas analíticas tradicionais com o uso de estatística (por exemplo, na previsão de séries temporais, tradicionalmente se utilizam técnicas de modelos autorregressivos). Mais recentemente, tem-se experimentado diferentes técnicas de DL – especificamente, um tipo de rede chamado Recurrent Neural Network (RNN), ou Rede Neural Recorrente, com resultados superiores às técnicas utilizadas até então.

4.7 SISTEMAS DE RECOMENDAÇÃO

Os **sistemas de recomendação** agregam dados sobre o comportamento ou as preferências dos usuários, a fim de tirar conclusões para a recomendação de itens nos quais eles provavelmente podem estar interessados.

Em um sistema típico, as pessoas fornecem como entrada avaliações diretas de itens, e o sistema de recomendação agrega e direciona essas avalições para outras pessoas potencialmente interessadas. O desafio é, portanto, realizar a melhor combinação entre os itens avaliados e os interesses dos usuários, como ilustra a Figura 4.7.

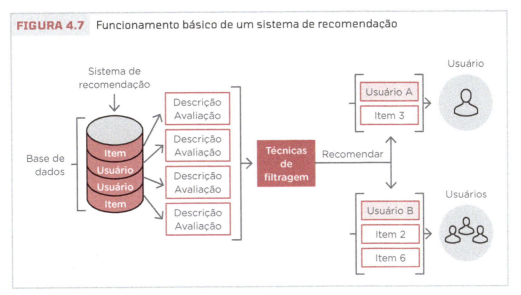

FIGURA 4.7 Funcionamento básico de um sistema de recomendação

Fonte: adaptada de BEHAR, 2019.

Tecnicamente, os sistemas de recomendação são classificados de acordo com o tipo de filtragem realizada, como mostra o Quadro 4.4.

Quadro 4.4	Sistematização de tipos de filtragem em sistemas de recomendação
Tipo de filtragem	**Descrição**
Filtragem baseada em conteúdo	Geram automaticamente descrições dos itens e comparam-nas com os interesses dos usuários. As descrições podem ser fornecidas expressamente pelos usuários (por exemplo, em resposta à solicitação pela análise de itens) ou aprendidas pelo próprio sistema a partir dos itens com os quais o usuário interagiu (visualizou, "curtiu" ou aprovou).
Filtragem colaborativa	Os itens são filtrados com base na avaliação feita pelos usuários, em vez de na descrição dos itens, ou seja, a ênfase está na troca de experiências entre pessoas que têm interesses comuns. O usuário pode ser beneficiado pela experiência de outros com os mesmos gostos e preferências, antes de decidir consumir ou não determinada informação.
Filtragem híbrida	Combina métodos baseados em conteúdo e métodos colaborativos, incluindo técnicas de recuperação de informações, ML, árvores de decisão, redes neurais e clusterização.
Filtragem baseada em contexto (*context aware*)	Considera aspectos do perfil do usuário dentro de contextos de sua experiência no dia a dia, incluindo informações relacionadas a habilidades sociais e psicológicas, como personalidade e emoções, para recomendar itens que combinam mais com o contexto em que o usuário está inserido (por exemplo, idioma e cultura, no contexto educacional, alinhamento aos objetivos de aprendizagem).

Fonte: adaptado de CAMPOS *et al.*, 2017.[9]

4.7.1 Sistemas de recomendação educacional

O principal objetivo de um sistema de recomendação é ajudar as pessoas a lidar com a sobrecarga cognitiva, pré-selecionando informações que podem ser úteis para atingir uma meta específica.

---

[9] Esse artigo também apresenta um quadro com diferentes soluções em sistemas de recomendação educacional mapeados pelos autores.

No campo educacional, em uma adaptação do conceito defendido por Behar,[10] a **recomendação educacional** pode ser entendida como a indicação de um ou mais elementos do modelo pedagógico (composto de uma arquitetura pedagógica e suas estratégias), de acordo com o perfil do sujeito (individual/coletivo) para apoiar o processo de ensino-aprendizagem.[11]

O Quadro 4.5 exemplifica essas recomendações em variadas dimensões do processo.

Quadro 4.5 Exemplos de recomendações educacionais	
Dimensão	**Tipo de recomendação educacional**
Organizacional	• Recomendação de estratégias para auxiliar a organização ou a reorganização da arquitetura pedagógica e seus elementos • Recomendação de grupos de trabalho
Metodológica	• Recomendação de estratégias para a forma de abordar conteúdos • Recomendação de estratégias baseadas no perfil afetivo e/ou social dos alunos • Recomendação de possíveis formações de grupos • Recomendação de estratégias para utilização de objetos de aprendizagem e **recursos educacionais abertos (REAs)** • Recomendação de estratégias para uso de recursos do ambiente virtual de aprendizagem
De conteúdo	• Recomendação de objetos de aprendizagem específicos para as necessidades do aluno • Recomendação de diferentes formatos (mídias) de acordo com as necessidades do aluno
Tecnológica	• Recomendação de recursos digitais mais adequados para tratar os conteúdos de aprendizagem • Recomendação de aspectos de usabilidade para a construção de objetos de aprendizagem • Recomendação de aplicativos para dispositivos móveis

Fonte: adaptado de BEHAR, 2019.

---

10 BEHAR, P. A. *Recomendação pedagógica em educação a distância*. Porto Alegro: Penso, 2019.

11 Nesse modelo, a arquitetura pedagógica é composta de organização (ou estrutura), conteúdo, metodologia e tecnologia e orienta as ações que compõem as estratégias pedagógicas adotadas.

Como podemos perceber, existem diferenças importantes entre os sistemas de recomendação em geral e os sistemas de recomendação educacional. Uma delas é o objetivo – encontrar recursos e atividades para atingir da melhor maneira e em menor tempo o objetivo de aprendizagem e/ou o desenvolvimento de competências.

Além disso, embora a maioria dos sistemas de recomendação funcione com base em redes e informações de pares, e também no gosto ou preferências pessoais dos usuário, no campo educacional, fatores pedagógicos, como histórico de aprendizagem, conhecimentos anteriores, estilos de aprendizagem, *feedback*, proposta de design instrucional, fraquezas, progresso, papéis exercidos (aluno, professor, designer instrucional) e nível de conhecimento (iniciante, intermediário ou avançado), precisam ser considerados.

De toda forma, os sistemas de recomendação educacional podem ajudar a personalizar a experiência de aprendizagem com base nas necessidades dos alunos, sugerindo, por exemplo, trilhas de aprendizagem individualizadas. Por outro lado, podem promover a aprendizagem colaborativa quando o histórico de navegação e os marcadores ficam visíveis para outros alunos, ajudando-os a encontrar pessoas com ideias semelhantes, propagando o "boca a boca" a partir de recursos confiáveis e de alta qualidade e aprimorando as experiências da comunidade virtual.[12]

---

12 GARCIA-MARTINEZ, S.; HAMOU-LHADJ, A. *Educational recommender systems*: a pedagogical-focused perspective. Springer International Publishing, maio 2013. Disponível em: https://www.researchgate.net/publication/287410124_Educational_Recommender_Systems_A_Pedagogical-Focused_Perspective. Acesso em: 30 abr. 2020.

4.8 PROCESSAMENTO DE LINGUAGEM NATURAL

O **Natural Language Processing (NLP)**, ou Processamento de Linguagem Natural, é um ramo da IA que utiliza técnicas computacionais para aprender, entender e produzir conteúdo na linguagem humana.

O processo visa compreender comandos verbais ou escritos fornecidos por uma pessoa, os quais requerem resposta automática, tradução de texto e geração de fala.

As ferramentas e técnicas de NLP são frequentemente orientadas por teorias, modelos e algoritmos desenvolvidos no campo da linguística computacional, mas o objetivo principal é a interpretação automatizada da linguagem humana. Esse esforço exige uma perspectiva interdisciplinar que integra linguística, ciência da computação, psicologia e educação.

O Quadro 4.6 apresenta os três principais aspectos aos quais o NLP está relacionado.

Quadro 4.6 Principais aspectos do NLP		
Som	Fonologia	Reconhecimento dos sons que compõem as palavras
Estrutura	Morfologia	Reconhece as palavras em termos das unidades primitivas que as compõem (por exemplo: cert-o, cert-eza, in-cert-eza)
	Sintaxe	Define a estrutura de uma frase, com base na forma como as palavras se relacionam.
Significado	Semântica	Associa significado a uma estrutura sintática, em termos dos significados das palavras que a compõem
	Pragmática	Verifica se o significado associado a uma estrutura sintática é realmente o significado mais apropriado no contexto considerado

Fonte: adaptado de PEREIRA, s/d.

Para tratar desses diferentes aspectos, o NLP utiliza abordagens que vão desde o cálculo de tipos específicos de palavras em um texto (conhecida como "saco de palavras") ou o cálculo da probabilidade de grupos de caracteres ou palavras em um texto (por exemplo, bigramas formados por duas palavras que ocorrem frequentemente juntas; trigramas, por três palavras), até a análise semântica latente que calcula as semelhanças semânticas entre palavras, frases e parágrafos para modelar o significado das palavras e a coesão do texto (por exemplo, em um documento sobre "gatos", termos como "felinos" ou "bichanos" são interpretados como um reforço à palavra "gatos").[13]

Como podemos ver, o NLP é uma área muito vasta, que envolve diversas disciplinas do conhecimento humano. É igualmente desafiadora, dadas as dificuldades de entender a complexidade da linguagem natural – tipo especial de conjunto de dados não estruturados difíceis de processar. Isso não deveria ser uma surpresa: os seres humanos também lutam com a linguagem natural, que é ambígua por natureza. Duas pessoas com históricos e interesses diversos chegarão ao mesmo significado em uma conversa ou interpretação de texto? Além disso, o significado das mesmas palavras pode variar quando provenientes de alguém triste ou feliz.[14]

Apesar dessas dificuldades, o reconhecimento de voz, a análise de voz e o processamento de idiomas podem ser considerados hoje recursos comuns dos Assistentes de Voz Inteligentes e nos chatbots.

> Veja mais sobre Assistentes de Voz Inteligentes e chatbots às p. 134 e 139.

4.8.1 Processamento de Linguagem Natural na educação

A linguagem é de importância central na educação. É por meio dela que apresentamos informações aos alunos para que tenham a oportunidade de compreendê-las e integrá-las ao que já sabem, construindo conhecimento como indivíduos, em grupos e na interação com educadores.

A análise do discurso é um meio de entender processos complexos associados ao uso da linguagem, examinando sistematicamente estruturas e padrões no texto escrito e no discurso falado e suas relações com comportamentos, processos psicológicos, cognição e interações sociais.

---

13 McNAMARA, D. S. *et al*. Natural language processing and learning analytics. In: LANG, C.; SIEMENS, G.; WISE, A.; GAŠEVIĆ, D. (eds.). *Handbook of learning analytics*. New York: SOLAR, 2017. Disponível em: https://www.solaresearch.org/hla-17/. Acesso em: 30 abr. 2020.

14 CIELEN, D.; MEYSMAN, A. D. B.; ALI, M. *Introducing data science*: big data, machine learning, and more, using Python tools. Shelter Island: Manning Publications, 2016.

Tradicionalmente, porém, a análise do discurso é extremamente trabalhosa. Em um mundo de Big Data, no qual existem milhares de declarações e trocas entre indivíduos, torna-se uma tarefa praticamente impossível.

Uma das aplicações mais comuns do NLP na educação é o desenvolvimento de algoritmos para avaliação automatizada de produções escritas dos alunos (o chamado *essay-grading*). Na educação a distância ou apoiada por tecnologias, as produções dos alunos extrapolam os trabalhos finais e estão registradas em postagens de fóruns, participações em salas de chat, caixas de mensagens, entre outros.

Dar *feedback* sobre essas produções é uma tarefa que demanda muito tempo, e o problema é ainda maior à medida que o número de alunos aumenta em turmas de cursos a distância ou em Massive Open Online Courses (MOOCs), ou Cursos On-line Massivos Abertos.

Ao alimentar um algoritmo de ML com milhares e milhares de produções de alunos, há grandes chances de que o NLP viabilize não apenas a avaliação somativa, com a pontuação das atividades entregues pelos alunos, mas possa contribuir com a avaliação formativa (processual) ao prover *feedback* humano por meio de IA, como mostra a Figura 4.8.

FIGURA 4.8 Exemplo de produção textual de aluno analisada por NLP[15]

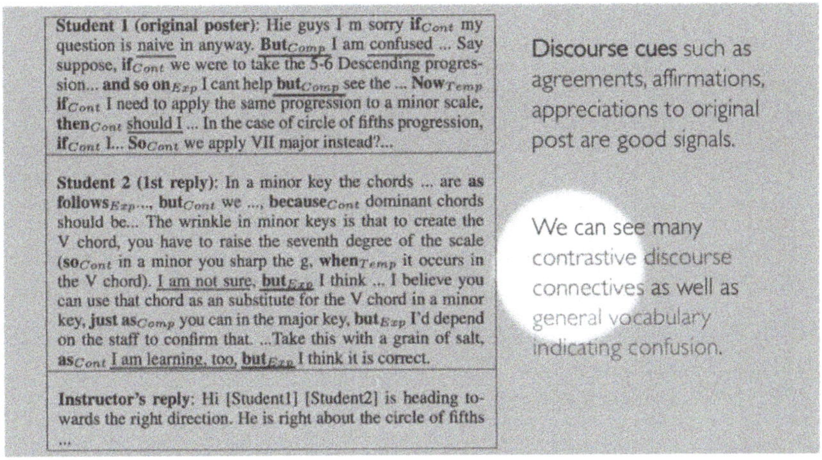

Fonte: KAN, 2018.

---

15 A figura (em inglês) apresenta a análise dos textos de dois estudantes e indica que o primeiro demonstra sinais de uma boa escrita enquanto o segundo apresenta um texto com problemas de vocabulário e um discurso contrastante, que gera confusão.

4.9 | VISÃO COMPUTACIONAL

A **visão computacional** é o campo da computação que busca maneiras de extrair informação de uma imagem, tais como suas formas, cores e velocidade, entre outros etc. Embora tenha sido teorizada há bastante tempo, só começou a ser empregada na prática recentemente, quando os computadores se tornaram capazes de processar grandes quantidades de dados, como as que caracterizam as imagens.

Trata-se de um campo bastante extenso e relativamente complexo que envolve uma série de técnicas desafiadoras, resumidas no Quadro 4.7.

Quadro 4.7 Técnicas de visão computacional

Reconhecimento de objetos	Identificação, em uma cena, de um objeto predefinido em uma base de conhecimento ou um objeto aprendido por meio de técnicas de Machine Learning. ➕ **Veja mais sobre Machine Learning à p. 117.**
Visão estereoscópica	Extração de dados por meio da qual se analisam diversas imagens do mesmo objeto tiradas de ângulos distintos, a fim de obter uma representação tridimensional do objeto, incluindo a sensação de profundidade.
Detecção de movimento	Detecção de pontos que se movem em uma imagem e com que velocidade, aplicando-se técnicas de reconhecimento de objetos a cada quadro que se passa em uma cena.
Realidade aumentada	Adição, em tempo real, de mais uma camada de análise à realidade com visão computacional, para que um usuário consiga ver dados com exatidão e clareza impossíveis de serem atingidas apenas com a visão biológica e o raciocínio humano.
Reconhecimento ótico de caracteres (OCR – Optical Character Recognition)	Leitura e transformação de texto impresso em texto digital, pelo reconhecimento de fontes tipográficas variadas.
Visão de máquina	Inspeção ou detecção, principalmente na indústria, de componentes fora do padrão desejado, com o intuito de descartá-los ou de executar outra ação, dependendo das necessidades.

Fonte: adaptado de RIOS, 2011.

132   Data Science na Educação

Um uso particularmente interessante da visão computacional é o auxílio no reconhecimento de objetos, textos, cores a pessoas com deficiência visual. Aponte seu aparelho para o QR Code ao lado e saiba mais sobre recursos desse tipo oferecidos pelo aplicativo SeeingAI, da Microsoft.
https://youtu.be/bqeOByqf_f8

Aplicações no campo educacional incluem desde a coleta de dados em tempo real sobre o comportamento do aluno a distância, incluindo movimento dos olhos, posição do corpo e expressão facial, até a detecção de identidades falsas ou comportamentos inadequados durante a realização de exames e provas a distância. Nessas diferentes aplicações, há que se levar em conta, é claro, questões relativas à privacidade e confidencialidade dos dados pessoais.

➕ Veja mais sobre privacidade de dados em governança de dados à p. 10.

4.10 ASSISTENTES DE VOZ INTELIGENTES

Intelligent Personal Assistants (IPAs), ou Assistentes de Voz Inteligentes, também conhecidos como Assistentes Pessoais Inteligentes, são recursos desenvolvidos no âmbito da IA, por meio dos quais pessoas e máquinas podem se comunicar para apoio à realização de tarefas diárias.

Essa forma de interação baseada na fala permite que os usuários sintam que estão se comunicando com pessoas reais. Com o recente aumento nas tecnologias de IA e reconhecimento de fala, IPAs como Alexa da Amazon, Siri da Apple, Google Assistente do Google, Cortana da Microsoft e Bixby da Samsung estão se tornando cada vez mais populares como mecanismos de interação homem-computador, a ponto de futurologistas definirem a próxima revolução como Era da Voz.

À luz desses avanços, as rotinas da vida diária podem ser realizadas de maneira mais fácil com os IPAs. Assistentes que empregam comandos de voz, gestos de toque físico e outros sinais de interação oferecem uma maneira mais prática de se comunicar do que a digitação, pois simulam a maneira natural de as pessoas se comunicarem, geralmente de forma mais rápida e conveniente (por exemplo, enquanto dirige) do que digitar.

Alguns exemplos de aplicações educacionais são mostrados no Quadro 4.8.

Quadro 4.8 Exemplos de Assistentes de Voz Inteligentes na educação

Assistente	Descrição
Jill Watson, criada em 2016 pelo Instituto de Tecnologia da Geórgia para solucionar as dúvidas dos alunos em diversas disciplinas	Dotada de ML, foi treinada inicialmente para responder a diversas questões. Quanto mais é utilizada, mais inteligente fica, pois adquire novas capacidades e se adapta ao estilo e necessidades de cada aluno.
MIKA, assistente pessoal da Nokia para educação corporativa	Auxilia técnicos e engenheiros a encontrar respostas quando realizam tarefas complexas. Quando problemas são diagnosticados, sua ação é passar "dicas" de como resolvê-los.
Alexa Skill, criada para capacitar colaboradores	Permite acessar palestras inspiradoras em TED Talks, resumos do *The New York Times*, solicitar as notícias mais interessantes que aconteceram no mesmo dia no passado ou o histórico de qualquer dia particular

Fonte: CASTANHA, 2019; YAO, 2017.

Para ouvir um exemplo da comunicação em voz com o assistente virtual Cadu, do SENAI, acesse o podcast Geração Senai apontando seu aparelho para o QR Code ao lado.

https://anchor.fm/geracaosesisenai/episodes/GSS-02---Conhea-o-CADU-a-Inteligncia-Artificial-do-SENAI-e3bhpm

4.11 ROBÓTICA

A **Robótica** refere-se à construção e manipulação de robôs por meio de sistemas baseados em lógica de programação. Os robôs são, basicamente, qualquer estrutura autômata multifuncional reprogramável que procura automatizar tarefas realizadas por seres humanos, de forma autônoma, podendo ser operada por meio de circuitos integrados, controles eletro-hidráulicos e engrenagens, projetada para movimentar, de diversas formas, uma série de materiais ou dispositivos especializados.

Ou seja, além de uma "mente" artificial (correspondente a um software de programação), os robôs também podem apresentar um "corpo físico" artificial (algo tangível, com uma aparência externa variada, em geral relacionada a um hardware).

ORIGENS

A palavra "robô", mencionada pela primeira vez em 1920, na peça *Rossum's Universal Robots* (R.U.R.), do escritor tcheco Karel Capek, tem origem no termo tcheco *robota*, que significa "trabalho compulsório". Na peça, um cientista descobre uma maneira de "dar vida" a máquinas com aparência humana, capazes de fazer tudo o que o homem faz. Em 1950, Isaac Asimov abordou novamente o tema no reconhecido livro de ficção científica *Eu, Robô* – e é este robô, com aparência humana, que povoa o imaginário mundial até hoje.[16]

A Figura 4.9 apresenta diferentes tipos de robôs, que, independentemente do seu nível de inteligência ou aparência, compartilham a ideia de "vida" artificial (todos os exemplos citados a seguir podem ter a característica de robô quando operados de forma autônoma por um algum tipo de programação; caso contrário, são mecanismos operados por um humano).

---

16 QUEIROZ, R. L.; SAMPAIO, F. F.; SANTOS, M. P. Pensamento computacional, robótica e educação. *Tecnologias, Sociedade e Conhecimento*, Campinas, v. 4, n. 1, dez. 2017. Disponível em: http://www.nce.ufrj.br/ginape/livre/paginas/artigos/PensamentoComputacionalTSC.pdf. Acesso em: 20 abr. 2020.

FIGURA 4.9 Exemplos de robôs cada vez mais presentes na vida cotidiana

Drones

Dispositivos de telepresença

Chatbots

Exoesqueleto humano

Os primeiros robôs foram integrados às linhas de montagem para otimizar e aumentar a produtividade das fábricas, principalmente na produção de carros. Hoje, a despeito da preocupação dos trabalhadores com a perda de empregos para a robotização ultraeficiente, a integração de robôs na medicina, nos transportes, na mineração e na própria indústria tem ajudado a melhorar as operações humanas, assumindo tarefas inseguras ou tediosas para os seres humanos.[17]

 Para saber mais sobre Robótica, aponte seu aparelho para o QR Code ao lado e acesse o vídeo produzido pela PUC-Minas.
https://www.youtube.com/watch?v=hUOak2YPF_E

[17] BECKER, S. A. et al. NMC Horizon Report: 2018 Higher Education Edition. Louisville: EDUCAUSE, 2018.

4.11.1 Robótica educacional

No campo educacional, o uso da robótica baseia-se fortemente na teoria construcionista de Seymour Papert, segundo a qual a manipulação de objetos é a chave para as crianças construírem seu próprio conhecimento, uma vez que essa construção se dá de forma mais efetiva quando o aprendiz se engaja de maneira consciente na construção de algo tangível.[18]

De fato, as aplicações de robótica educacional viabilizam o desenvolvimento do **pensamento computacional**, cujos fundamentos podem ser agrupados em três pilares:

1. **abstração**: compreende as abstrações necessárias para dados e processos, e as técnicas de construção de soluções (algoritmos);

2. **análise**: consiste em técnicas de análise de algoritmos quanto à sua correção e eficiência, sob diferentes aspectos;

3. **automação**: envolve a mecanização das soluções (ou de suas partes), permitindo que as máquinas nos ajudem a solucionar os problemas.[19]

Do ponto de vista educacional, portanto, a Robótica se mostra uma grande oportunidade de expansão da mente humana. A Figura 4.10 elenca os vários ganhos potenciais do uso dessa abordagem para a educação.

---

18 O Logo, linguagem criada por Seymour Papert na década de 1980, permite aos usuários, por meio de linhas de código, movimentar uma tartaruga robô, um animal cibernético que pode ser tanto um objeto virtual (presente na tela do computador) como um objeto físico manipulável. Desde sua criação, a linguagem Logo carrega uma semente do uso da robótica na educação. A esse respeito, veja: PAPERT, S. *A máquina das crianças*: repensando a escola na era da informática. Porto Alegre: Artes Médicas, 2008.

19 RIBEIRO, L.; FOSS, L.; CAVALHEIRO, S. A. C. Entendendo o pensamento computacional. ArXiv, jul. 2017. Disponível em: https://www.researchgate.net/publication/318121300_Entendendo_o_Pensamento_Computacional. Acesso em: 30 abr. 2020.

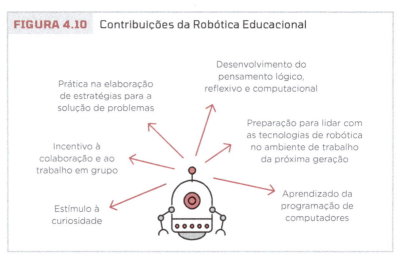

Fonte: adaptada de QUEIROZ; SAMPAIO; SANTOS, 2017; BECKER et al., 2018.

Até pouco tempo, o uso da robótica na educação era inviabilizado pela falta de acesso a robôs, ou aos componentes necessários à sua construção, devido, principalmente, ao alto custo desses materiais. No entanto, recentes avanços em relação ao preço, tamanho, desempenho e capacidade dos componentes utilizados para a construção e manipulação de robôs fizeram surgir no mercado uma série de kits de Robótica Educacional. Alguns desses kits são proprietários – como é o caso do **Lego Mindstorms**, constituído por um conjunto de peças (como tijolos, rodas, motores e engrenagens), acrescido de sensores de toque, de intensidade luminosa e de temperatura, controlados por um processador programável –, enquanto outros são baseados em hardware livre – como é o caso do **Arduino**, plataforma formada por uma placa eletrônica, que constitui o hardware usado para construir projetos, e por um software no qual se programa o que se espera que a placa execute.

 Para conhecer mais sobre a aplicação da Robótica Educacional no desenvolvimento da criatividade e no estímulo ao protagonismo de estudantes de Macaé, Vitória e Salvador, aponte seu aparelho para o QR Code ao lado e acesse um vídeo do Portal da Indústria.
https://noticias.portaldaindustria.com.br/noticias/educacao/video-robotica-educacional-desenvolve-criatividade-e-estimula-protagonismo/

4.12 CHATBOTS

Chatbot é, em linhas gerais, um *bot* (robô) que conversa com humanos em linguagem natural, permitindo interação e acesso a funções computacionais via texto ou voz, ou seja, é um sistema destinado a interpretar a linguagem natural (em contraste com interpretar a linguagem de computadores) e responder da mesma forma. Diferencia-se do Text Analytics, cujo objetivo é extrair *insights* dos dados textuais analisados.

➕ Veja mais sobre Text Analytics à p. 71.

ORIGENS

Os chatbots têm uma longa história desde a década de 1990, quando o primeiro chatbot ELIZA foi criado por Joseph Weizenbaum, no Massachusetts Institute of Technology (MIT). A versão mais famosa do ELIZA simulava um psicoterapeuta rogeriano que respondia às perguntas tentando extrair mais informações do interlocutor, em vez de oferecer respostas concretas. Mais de 30 anos depois, o chatbot A.L.I.C.E. foi desenvolvido usando a Linguagem de Marcação de Inteligência Artificial, baseada em padrões de correspondência heurística. Em 2008, o Cleverbot foi lançado e, ao contrário de outros chatbots, suas respostas não eram pré-programadas; em vez disso, o chatbot aprendia diretamente com informações humanas, quando um usuário digitava um comentário ou pergunta, e o Cleverbot encontrava todas as palavras-chave ou uma frase exata correspondente à entrada. Em 2011, o IBM Watson venceu dois campeões do tradicional programa de perguntas e respostas norte-americano, Jeopardy!. No mesmo ano, os chatbots começaram a se popularizar após o lançamento da Siri da Apple, o primeiro Assistente de Voz Inteligente.

Um chatbot pode responder a várias perguntas feitas durante uma conversa interativa, porque mantém o controle das perguntas feitas anteriormente e pode se envolver em conversas mais longas. Ele tem uma memória de busca que ajuda a oferecer respostas de maneira mais amigável e personalizada. Além disso, pode recuperar informações de várias outras fontes, como bancos de dados sobre clima, movimento nas estradas e noticiários. Por essa razão, sua capacidade excede a dos sistemas Question Answering (QA), ou Resposta a Perguntas.

➕ Veja mais sobre a técnica Question Answering à p. 72.

Os chatbots podem ser classificados de acordo com a abordagem de design empregada, como mostra o Quadro 4.9.

Quadro 4.9 Abordagens para o design de chatbots

Abordagem	Descrição
Chatbots de fluxo	Trabalham com um modelo fundamentado em recuperação de dados e são baseados em árvore, usando um caminho definido anteriormente pelo desenvolvedor. Quando uma entrada do usuário é inserida, o chatbot tenta combiná-la com o banco de dados existente. Se uma correspondência for encontrada, a resposta será gerada; caso contrário, o chatbot tentará obter informações adicionais ou fornecer ao usuário botões de escolha. Esse tipo de chatbot requer um grande conjunto de dados para manter baixo o nível de frustração dos usuários causado por respostas erradas. São mais fáceis de criar e não cometem erros gramaticais, porém são incapazes de lidar com casos não previstos para os quais não existe resposta predefinida.
Chatbots com IA	Trabalham com modelos generativos e são capazes de aprender com o tempo, a partir das informações reais dos usuários em termos de respostas certas e erradas dos chatbots. Não respondem com uma resposta a partir de um conjunto de respostas pré-elaboradas. Em vez disso, com a ajuda de técnicas de ML, geram a resposta mais precisa, palavra por palavra, antes de entregá-la ao usuário. Como podem se referir a informações contextuais mencionadas anteriormente na conversa, permitem que o usuário se envolva de uma maneira muito mais livre e, assim, tornam-se mais "humanos" e capazes de diálogos mais longos.
Chatbots com reconhecimento de fala	Convertem as entradas do usuário, que são analógicas, em dados digitais compreensíveis por um computador. Isso é feito pelo reconhecimento das vibrações no ar enquanto o usuário está falando, permitindo que os seus estados emocionais também sirvam de entrada para a resposta e favorecendo o reconhecimento de comportamentos afetivos, como tédio, ansiedade, excitação etc., que podem influenciar a geração de respostas.
Chatbots com dados contextuais integrados	Buscam incluir informações do contexto para aumentar a produtividade e a personalidade dos chatbots. Uma maneira de fazer isso é capturar dados do contexto físico dos usuários; outra é capturando seu *status* emocional. Emoções como raiva, frustração, medo e alegria podem ser associadas ao reconhecimento de emoções com base na fala, bem como à Análise de Sentimentos de transcrições linguísticas. ⊕ **Veja mais sobre Análise de Sentimentos à p. 72.**

Fonte: adaptado de WINKLER; SÖLLNER, 2018.

Hoje em dia, os chatbots podem ser acessados em diversas plataformas de mensagens (como Facebook Messenger e Telegram) e interfaces Web ou *mobile*, bem como podem ser baseados em regras (seguindo as instruções pré-programadas) ou incluir ML (o que significa que aprendem e melhoram as respostas a cada nova conversa estabelecida).

Para saber como transformar um formulário Google em chatbot usando a ferramenta Fobi.io, aponte seu aparelho para o QR Code ao lado.
https://fobi.io/

4.12.1 Chatbots na educação

Chatbot-Mediated Learning (CML), ou Aprendizagem Mediada por Chatbots, é uma forma de educação mediada por tecnologia, assim como a aprendizagem on-line, a aprendizagem móvel (*m-learning*) e a aprendizagem ubíqua (*u-learning*). É principalmente baseada na Web, ocorre de modo síncrono, com ritmo próprio, e se concentra em cada aluno individualmente. A CML fornece uma nova experiência educacional, na qual os alunos podem usar proativamente os chatbots a fim de aumentar a qualidade e o resultado da aprendizagem.[20]

Em linhas gerais, a CML pode ser vista como um sistema, conforme mostra a Figura 4.11.

---

20 WINKLER, R.; SÖLLNER, M. *Unleashing the potential of chatbots in education*: a state-of-the-art analysis. Chicago: Academy of Management Annual Meeting (AOM), 2018..

FIGURA 4.11 Sistema no qual se baseia a CML

ENTRADA	PROCESSO DE APRENDIZAGEM	SAÍDA
Predisposições individuais de alunos, como fluência digital, estilos de aprendizagem e motivação para aprender. Qualidade no design do chatbot	Processos cognitivos e interações baseadas em métodos de aprendizagem e outros elementos dos cenários de ensino-aprendizagem	Construção multifacetada que envolve conhecimento declarativo, processual, psicomotor, afetivo e metacognitivo

Fonte: adaptada de WINKLER; SÖLLNER, 2018.

Existem várias aplicações de chatbots no processo de ensino-aprendizagem que podem impactar grandemente os resultados educacionais. Uma das mais comuns é utilizar chatbots para responder a perguntas sobre qualquer coisa que um aluno precise saber: como se inscrever para um curso ou disciplina, como encontrar a sala de aula física ou virtual, como enviar atividades etc.

Há, entretanto, outros campos de aplicação, como as avaliações de reação para coletar *feedback* dos alunos sobre os cursos, prática consolidada na educação corporativa que alcança também algumas iniciativas de educação formal. Chatbots orientados por IA, ML e NLP podem coletar opiniões dos alunos por meio de uma interface de conversação com as mesmas vantagens de uma entrevista "real", mas com uma fração do trabalho necessário. A conversa pode ser adaptada de acordo com as respostas e a personalidade do aluno, por meio de perguntas de acompanhamento que buscam descobrir o motivo por trás das opiniões.

Para conhecer a experiência de criar e adotar um TeacherBot (ProfessorBot) na Universidade de Edinburgh, aponte seu aparelho para o QR code ao lado.
https://www.youtube.com/watch?v=naezS2kMTeE

4.13 IA NA EDUCAÇÃO

A ideia de criar IA existe há muito tempo, mas o conceito de **Artificial Intelligence in Education (AIED)**, ou Inteligência Artificial na Educação, é muito mais recente.

ORIGENS

A aplicação da AIED é objeto de pesquisas pontuais há algum tempo. Entretanto, seu marco como área estruturada de pesquisa e prática se deu com a criação, em 1997, da International AIED Society (IAIED)[21], que deu início à publicação do *International Journal of AI in Education* (IJAIED)[22] e patrocina conferências anuais desde 1999. No entanto, em uma escala mais ampla, os educadores apenas recentemente começaram a explorar as oportunidades potenciais que os aplicativos de IA oferecem para apoiar os alunos durante o processo de aprendizagem.

Um dos focos da comunidade de AIED tem sido a personalização em massa, ao prover ferramentas inteligentes capazes de alcançar, em larga escala, a mesma efetividade do ensino individualizado.

Com o avanço das técnicas de IA e a disponibilidade crescente de (grandes) dados dos alunos, podemos pensar na oferta de *feedback* personalizado e avaliação *just-in-time* com base na análise contínua dos resultados dos alunos.

Entretanto, a AIED vai um pouco mais além. Podemos pensar em pelo menos três perspectivas diferentes para as ferramentas educacionais de IA, como mostra o Quadro 4.10.

---

21 IAIED. Disponível em: https://iaied.org/. Acesso em: 30 abr. 2020.
22 SPRINGER. *Official Journal of the International AIED Society*. Disponível em: https://www.springer.com/journal/40593. Acesso em: 30 abr. 2020.

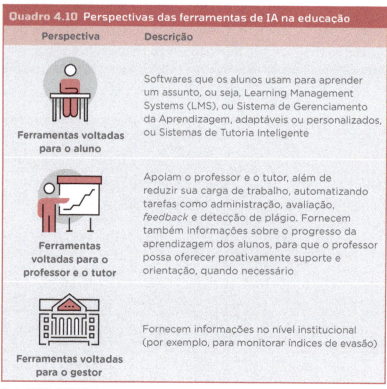

Fonte: BAKER; SMITH, 2019.

Os desdobramentos do desenvolvimento da IA ainda não podem ser previstos hoje, mas parece provável que os aplicativos de IA sejam um dos principais desafios da tecnologia educacional nos próximos 20 anos.

As ferramentas e os serviços baseados em IA têm alto potencial para apoiar estudantes, professores, designers instrucionais e administradores em todo o processo de ensino-aprendizagem, por meio de sistemas inteligentes de suporte ao aluno em ambientes de aprendizado adaptáveis e personalizados – isso se aplica especialmente a projetos de grande porte, com um grande número de alunos, nos quais a IA pode ajudar a oferecer personalização em massa.[23]

---

[23] ZAWACKI-RICHTER, O. *et al.* Systematic review of research on artificial intelligence applications in higher education: where are the educators? *International Journal of Educational Technology in Higher Education*, v. 39, n. 16, 2019. Disponível em: https://educationaltechnologyjournal.springeropen.com/articles/10.1186/s41239-019-0171-0. Acesso em: 30 abr. 2020.

4.14 IMPACTO DA IA NA EDUCAÇÃO

Aprendizagem adaptativa, personalização e consideração dos estilos de aprendizagem são expressões-chave quando se pensa no uso da IA na Educação, a qual visa propiciar espaços de aprendizagem que atendam às necessidades dos alunos, bem como projetar experiências de aprendizagem que estejam de acordo com suas preferências cognitivas.

Isso significa que, em vez de adotar uma abordagem "tamanho único", a adoção da IA na educação possibilita uma aprendizagem personalizada, em que os alunos ocupam posição central.

Entretanto, a onipresença de *smartphones* e outros dispositivos portáteis implica que o conhecimento factual (como saber o nome das capitais dos estados) e cálculos simples estão na ponta de nossos dedos, e não na ponta de nossa língua. Dessa forma, os objetivos de aprendizagem estão se afastando da assimilação de um corpo rígido de conhecimento na busca por oferecer aos alunos ferramentas para que se tornem especialistas em adaptação e aprendizes ao longo da vida.

De igual modo, as práticas de aprendizagem atuais incorporam problemas autênticos, oportunidades de aprendizagem experiencial, trabalhos em grupo etc. A natureza dinâmica do mundo do trabalho incentiva o desenvolvimento de currículos focados na aplicação do conhecimento, na colaboração e na autorregulação da aprendizagem.

Como afirma Gilbert,[24] o conhecimento está deixando de ser um **substantivo** (algo que possuímos) e se tornando um **verbo** (algo que fazemos). E, à medida que os objetivos educacionais mudam, as avaliações também precisam mudar. Embora tenham sido usadas anteriormente para medir o *status* de conhecimento do aluno ao final de um processo, existe um movimento crescente para usar avaliações que capturem trajetórias e processos de aprendizagem. A avaliação deixa de ser uma medida somativa de desempenho para tornar-se uma medida formativa contínua que inclui o apoio *just-in-time*.[25]

---

24 GILBERT, J. *Catching the knowledge wave*: the knowledge society and the future of education. Wellington: New Zealand Council for Educational Research, 2005.

25 VICARI, R. M. Inteligência artificial aplicada à educação. In: PIMENTEL, M.; SAMPAIO, F. F.; SANTOS, E. O. (org.). *Informática na educação*: técnicas e tecnologias computacionais. Porto Alegre: Sociedade Brasileira de Computação, 2019. Disponível em: https://ieducacao.ceie-br.org/inteligenciaartificial/. Acesso em: 30 abr. 2020.

Nesse cenário, a visão atual sobre o ensino e a aprendizagem se expande e se estende para além da sala de aula física ou virtual, alcançando também a aprendizagem informal e o local de trabalho. Assim, há grande foco no apoio à aprendizagem a qualquer hora e em qualquer lugar.

Um exemplo disso é o crescente movimento dos MOOCs, que começaram a oferecer suas próprias credenciais (Coursera, edX, Udacity, Udemy), criando um novo tipo de certificação.

A esse respeito, a tecnologia de **blockchain** representa uma verdadeira ruptura, oferecendo aos alunos a propriedade de suas qualificações, cursos e *feedbacks* associados, em lugar do atual modelo centralizado. As entradas de dados são permanentes, transparentes e pesquisáveis. Os alunos obtêm o controle de todos os seus dados educacionais, credenciamentos e portfólios, em um local seguro e acessível a qualquer pessoa que precise verificá-los – e isso por toda a vida.[26]

A mudança também afeta o papel do professor. Não é mais esperado que os professores possuam todo o conhecimento relevante e o transmitam aos alunos. Em vez disso, eles têm a tarefa de apoiar seus alunos na busca, localização e integração de informações e em se tornarem pensadores colaborativos independentes.

Algumas dimensões dessas várias mudanças são mostradas no Quadro 4.11, o qual ressalta o aumento da complexidade no cenário educacional contemporâneo.

---

26 A esse respeito, veja: GRECH, A.; CAMILLERI, A. F. *Blockchain in education*. Luxembourg: Publications Office of the European Union, 2017. Disponível em: https://publications.jrc.ec.europa.eu/repository/bitstream/JRC108255/jrc108255_blockchain_in_education%281%29.pdf. Acesso em: 30 abr. 2020. Veja também (especialmente o Capítulo 8, "For an open innovation platform dedicated to education: a blockchain approach", de autoria de Luciano Sathler, nosso prefaciador); SHARMA, R. S.; YILDIRIM, H.; KURUBACAK, G. *Blockchain technology applications in education*. IDI Global, 2020.

Quadro 4.11 Dimensões da complexidade crescente na educação contemporânea

COMPLEXIDADE		DE		PARA
	nas tarefas		exercício e prática (*drill and practice*)	Aprendizagem Baseada em Problemas
	nos objetivos de aprendizagem		*recall* de informações	busca e síntese de conhecimentos
	nas literacias exigidas		alfabetização verbal	letramento informacional e digital
	nas interações		aprendizagem individual	aprendizagem social
	na avaliação		medida somativa de desempenho	medida formativa com apoio *just-in-time*
	no papel do professor		"sábio no palco" (*sage on stage*)	"guia ao lado" (*guide on side*)

Fonte: adaptado de ROLL; WYLIE, 2016.

Toda essa complexidade exprime alguns paradoxos interessantes. Ao mesmo tempo que se valoriza a aprendizagem personalizada, por meio de percursos individualizados, evidencia-se a importância da aprendizagem colaborativa. E, ao mesmo tempo que a autonomia do aprendiz é valorizada, os alunos requerem cada vez mais apoio *just-in-time*. Certamente há muito que se refletir sobre a IA como solução contemporânea para a educação no novo milênio.

Talvez a ideia de um professor (tutor) humano que trabalha individualmente, por um período específico e em espaços restritos, tenha terminado. Os ambientes de aprendizagem interativos podem ser colaborativos, onipresentes e portáteis. Os sistemas inteligentes possuem recursos exclusivos que os tutores humanos não possuem, e a próxima geração de sistemas deve aproveitá-los para apoiar a aprendizagem a qualquer hora, em qualquer lugar e por qualquer pessoa.

No entanto, quando o professor humano apoia mais do que apenas o domínio de um conjunto de conhecimentos ou prática, mas também as habilidades necessárias ao longo da vida e a interação com colegas; quando o tutor apoia o aluno em seus desafios profissionais e de vida; então, talvez, o tutor se torne um mentor, algo que os sistemas, por mais inteligentes que sejam, ainda não conseguem fazer.

4.14.1 Sistemas de Tutoria Inteligente (ITSs)

Intelligent Tutoring Systems (ITSs), ou Sistemas de Tutoria Inteligente, são softwares baseados em IA que fornecem *feedback* imediato e personalizado para estudantes. O termo é amplo o suficiente para abranger diferentes tipos de IA aplicados a modelos de conteúdo educacional (o que ensinar) e a estratégias de ensino (como ensinar).

ORIGENS — Os sistemas de Computer Assisted Instruction (CAI), ou Instrução Assistida por Computador, foram o passo inicial na história dos ITS. O Quadro 4.12 mostra a evolução dos sistemas até chegar à tutoria inteligente.

Quadro 4.12 Evolução dos sistemas inteligentes

1950	1960
Programas lineares	**Programas ramificados (ou em árvore)**
Programas lineares se caracterizavam por apresentar o conhecimento de forma linear, isto é, nenhum fator poderia mudar a ordem de ensino estabelecida pelo programador. A saída, nos primeiros CAIs, era um *frame* de texto que verificava se o conteúdo, até aquele ponto, havia sido "apreendido". O aluno, então, dava algum tipo de resposta baseado no que já conhecia ou por tentativa e erro. Por fim, o programa informava se o aluno estava certo. O aluno podia trabalhar usando o material em seu próprio ritmo, e suas respostas corretas eram recompensadas de imediato, mas erros não eram admitidos.	Programas ramificados em árvore se diferenciaram pela capacidade de atuar segundo a resposta do aluno. Técnicas como **pattern matching** (comparação de padrões de *strings*) permitiam tratar as respostas do aluno como aceitáveis ou parcialmente aceitáveis, em vez de totalmente corretas ou incorretas. A maioria das soluções educacionais usando computadores adotava a instrução programada, em que o aluno deveria compreender uma lição passada pelo professor para então responder à questão relativa ao conteúdo previamente transmitido.
1980	**1970**
Sistemas de Tutoria Inteligente	**Sistemas adaptativos**
Em 1982, Sleeman e Brown criaram o termo Intelligent Tutoring Systems (ITSs), ou Sistemas Tutores Inteligentes,[27] incorporando a pesquisa em IA da época, cujo objetivo era encontrar a melhor forma de representar conhecimento dentro de um sistema inteligente. Esses sistemas tinham uma suposição implícita acerca de como "aprender fazendo", pois buscavam simular o processo de pensamento humano para auxiliar na resolução de problemas ou em tomadas de decisões mais complexas.	Sistemas adaptativos, baseados na premissa de que se aprende melhor enfrentando problemas de dificuldade adequada do que prestando atenção a explicações sistemáticas, começaram a adaptar o ensino às necessidades dos alunos. Esses sistemas eram capazes de gerar um problema a ser resolvido de acordo com o nível de conhecimento do aluno e então analisar a solução criada pelo aluno, confrontando-a com uma solução padrão que formava a base do diagnóstico.

Fonte: adaptado de GAVIDIA; ANDRADE, 2003.

---

27 BROWN, J. S.; SLEEMAN, D. *Intelligent tutoring systems*. London: Academic Press, 1997.

O maior potencial desses sistemas está na possibilidade de eles serem usados 24/7 para apoiar, aprimorar, enriquecer e alterar os processos de aprendizagem.

As características mais importantes de um ITS são:

- área de conhecimento ou prática delimitada e claramente articulada;
- conhecimento do aluno que permite direcionar e adaptar o ensino;
- sequência do ensino não predeterminada pelo designer instrucional;
- processos de diagnóstico mais detalhados e adaptados ao aluno;
- comunicação tutor-aluno melhorada.

Como podemos notar, os ITSs e a IA aplicada à Educação desenvolveram-se paralelamente como campos complementares. Por sua origem e histórico, os ITSs são mais restritivos em comparação com a IA na Educação.

CAPÍTULO 5

EDUCAÇÃO INTELIGENTE

A **educação inteligente (*smart education*)** é um modelo de aprendizagem adaptado às novas gerações de nativos digitais. Em comparação com os tradicionais, trata-se de um modelo interativo, colaborativo e visual, projetado para aumentar o envolvimento dos alunos e permitir que os professores se adaptem às suas habilidades, interesses e preferências.[1]

ORIGENS

Em 1997, a Malásia colocou em ação o Plano de Implementação da Escola Inteligente, no qual escolas inteligentes, apoiadas pelo governo, visavam a melhorar o sistema educacional e preparar a força de trabalho para os desafios do século XXI. Em 2006, Cingapura implementou o Plano Diretor da Nação Inteligente, do qual a educação com suporte tecnológico se mostrou parte importante. Nos anos seguintes, Austrália, Coreia do Sul, Finlândia e Emirados Árabes também implementaram projetos de educação inteligente visando a promover a aprendizagem do século XXI com soluções motivadoras e direcionadas ao usuário. A área alcançou maior grau de organização em 2004, quando foi lançado o primeiro volume do *Interactive Technology and Smart Education Journal*.[2] Uma década depois, a revista *Smart Learning Environments*[3] e o *International Journal of Smart Technology and Learning*[4] surgiram com o objetivo de definir um conceito mais abrangente de inteligência relacionada à aprendizagem.

---

1   USKOV, V. L.; HOWLETT, R. J. *Smart education and smart e-learning*. Kindle Edition. New York: Springer, 2015.
2   ISAIAS, P. *Interactive technology and smart education*. Bingley: Emerald Publishing Limited, 2004. Disponível em: https://www.emerald.com/insight/publication/issn/1741-5659. Acesso em: 7 maio 2020.
3   SPRINGEROPEN. *Smart learning environments*. Disponível em: https://slejournal.springeropen.com/. Acesso em: 7 maio 2020.
4   GU, X. Smart technology and learning. *International Journal of Smart Technology and Learning*, v. 1, s./d. Disponível em: https://www.inderscience.com/info/inissues.php?jcode=ijsmarttl. Acesso em: 7 maio 2020.

Quando aplicamos o termo "inteligente" ao ser humano, estamos fazendo referência à sabedoria, isto é, à capacidade de usar conhecimento e experiência para resolver problemas e tomar decisões. Então, um **aluno "inteligente"** é aquele capaz de pensar de modo rápido e perspicaz em diferentes situações.

De outro modo, aplicamos esse termo às tecnologias educacionais no sentido de que realizam seu objetivo de maneira eficaz e eficiente. Assim, um **hardware "inteligente"** é um dispositivo menor, portátil e acessível (por exemplo, um *smartphone*, um *laptop*, um óculos RFID etc.), que permite ao aluno aprender a qualquer hora e em qualquer lugar. Um **software "inteligente"** é adaptável e flexível, a ponto de possibilitar a aprendizagem personalizada de acordo com diferenças individuais, usando, para isso, tecnologias adaptáveis (por exemplo, Big Data, Analítica da Aprendizagem, sistemas inteligentes etc.).

Já quando nos referimos a um **ambiente de aprendizagem "inteligente"**, pensamos em um espaço envolvente, integrado e escalável por meio de reconhecimento do contexto, conteúdos adaptáveis, ferramentas colaborativas e interativas, avaliações rápidas e *feedbacks* em tempo real etc.

No passado, o que os alunos podiam ver, ouvir e sentir com relação à aprendizagem estava limitado pelas paredes da sala de aula. Hoje, uma das maiores oportunidades oferecidas pela inovação na educação é que os alunos podem se relacionar com o mundo real graças às novas tecnologias.

Essa constatação é tão significativa que a ideia de educação inteligente está fortemente atrelada ao conceito de **cidades inteligentes**, as quais reconhecem a necessidade de instalações e sistemas educacionais que garantam aos alunos o desenvolvimento das competências do século XXI, incluindo alfabetização digital, pensamento criativo, comunicação eficaz, trabalho em equipe e capacidade de criar projetos de alta qualidade.[5]

> ➕ Veja mais sobre Big Data à p. 1; Analítica da Aprendizagem à p. 82; e sistemas inteligentes às p. 147 e 148.

---

5   Isso reflete a ideia de que a parte mais importante da cidade são os cidadãos, e as oportunidades de educação e aprendizagem para os cidadãos são direcionadoras de uma cidade sustentável e competitiva. Além disso, a arquitetura de uma cidade inteligente mostra como as tecnologias podem quebrar os "silos" entre diferentes setores da indústria e da sociedade, incluindo o sistema educacional. A esse respeito, veja: LIU, D.; HUANG, R.; WOSINSKI, M. *Smart learning in smart cities* (lecture notes in educational technology). Kindle Edition. Springer Singapore, 2017.

Nesse contexto, os limites tradicionais das instituições educacionais são superados por ecossistemas completos que melhoram a qualidade da aprendizagem ao longo da vida dos alunos, uma vez que são baseados na computação onipresente, incluindo Inteligência Artificial (IA), e em tecnologias de captura, análise e direcionamento de dados que viabilizam a aplicação de avaliações automatizadas, autoavaliação, avaliação por pares e *feedback* visual e analítico.

Complementarmente, na educação inteligente, as tecnologias são encaradas como ferramentas para a criatividade, a colaboração e a produtividade, possibilitando e acelerando as relações entre professores, alunos e outros parceiros de aprendizagem, como colegas, mentores e pessoas com interesses de aprendizado semelhantes.

5.1 APRENDIZAGEM INTELIGENTE

Um conceito relacionado à educação inteligente é a **aprendizagem inteligente (*smart learning*)**, que, ao lado de outras áreas emergentes, como tecnologia inteligente, ensino inteligente, salas de aula inteligentes, universidades inteligentes, cidade inteligente e sociedade inteligente, explora ambientes de aprendizagem onipresentes e móveis.[6]

A aprendizagem inteligente tem três características básicas, como mostra o Quadro 5.1.

Quadro 5.1 Características da aprendizagem inteligente

Aprendizagem fácil (*easy learning*)	Aprendizagem engajada (*engaged learning*)	Aprendizagem efetiva (*effective learning*)
Pré-requisito para a aprendizagem engajada	Pré-requisito para a aprendizagem efetiva	Objetivo da aprendizagem inteligente
Constitui-se em uma proposta de design instrucional inteligente que torna o processo de aprendizagem simples e divertido	Permite que os alunos realizem boa comunicação e cooperação com seus colegas e alcancem objetivos de aprendizagem projetados	Significa que a aprendizagem inteligente deve alcançar efetivamente os resultados desejados
O ambiente de aprendizagem é ágil e conveniente a ponto de facilitar as conquistas das metas de aprendizagem por parte do aluno	O ambiente de aprendizagem estimula e mantém o interesse dos alunos, mantendo o nível de participação em um estado relativamente alto	Os resultados alcançados no ambiente da aprendizagem inteligente atendem ou superam as expectativas

Fonte: adaptado de LIU; HUANG; WOSINSKI, 2017.

Na verdade, a aprendizagem inteligente envolve tanto a aprendizagem formal como a informal, ou seja, reconhece que as pessoas não aprendem apenas em ambientes formais como escolas e universidades, mas também em casa, na comunidade, no trabalho e em outros ambientes informais.

Para entender melhor esse conceito, vale a pena uma comparação com a aprendizagem convencional realizada na sala de aula presencial e com a aprendizagem digital geralmente realizada na modalidade a distância, como mostra o Quadro 5.2.

---

6 IASLE. Disponível em: http://iasle.net/. Acesso em: 7 maio 2020.

Capítulo 5 • Educação inteligente 155

Quadro 5.2 Aprendizagem presencial, digital e inteligente

	Aprendizagem presencial	Aprendizagem digital	Aprendizagem inteligente
Formas e resultados da aprendizagem	Processamento preciso do conhecimento, de forma unificada	Interconectividade do conhecimento, de diversas formas	Interconectividade do conhecimento, autoajuste
Tarefa de aprendizagem	Homogeneização	Diversidade	Personalização, diferenciação
Método de aprendizagem	Baseado na escuta e no ensino	Aprendizagem mista (escuta e ensino + aprendizagem on-line)	Aprendizagem integrada (*seamless*)
Estratégias de ensino	Baseadas no ensino, mas complementado com perguntas e discussões	Aplicação de múltiplas estratégias	Estratégias de aprendizagem personalizada
Apoio à aprendizagem	Perguntas e respostas presenciais e aulas particulares	Suporte e comunicação on-line	Comunicação multicanal e suporte de sistemas inteligentes
Avaliação de aprendizagem	Testes e exames padronizados	Testes on-line a qualquer momento	Adaptável
Comunidade de aprendizagem e formas de participação	Grupos e turma, organização da escola	Comunidade virtual orientada para temas, o aluno se candidata a participar	Comunidade virtual orientada para temas, recomendação automática
Espaço de aprendizagem	Espaço físico fixo	Espaço físico e virtual	Espaço inteligente de aprendizagem
Sequência e tempo de aprendizagem	Relativamente unificados	Relativamente flexíveis	Ritmo arbitrário[7]
Objetivos de aprendizagem	Relativamente unificados	Diversos	Personalizados
Recursos e fontes de aprendizagem	Livros-texto e materiais tutoriais em cópias impressas, organizados por professores	Livros eletrônicos e recursos de rede, recomendados por professores	Recursos digitais diversos, escolha livre e recomendação inteligente
Mídia de aprendizagem	Somente mídia de papel	Mídia de papel, mídia da Internet	Nos terminais, mídias enriquecidas

Fonte: adaptado de LIU; HUANG; WOSINSKI, 2017.

---

7   No sentido de que não segue regras ou normas, dependendo apenas da vontade ou arbítrio daquele que age. Por extensão, facultativo, casual, eventual.

5.2 AMBIENTES DE APRENDIZAGEM INTELIGENTES

Um **ambiente de aprendizagem inteligente** pode ser definido como fisicamente enriquecido com dispositivos digitais, sensíveis ao contexto, cientes da localização, do contexto e da cultura dos alunos, além de adaptativos, monitorando o progresso dos alunos e fornecendo às partes interessadas informações que ajudem a promover uma aprendizagem mais rápida e efetiva.[8]

A primeira geração de ambientes inteligentes (2001-2007) estava focada principalmente na entrega síncrona de conteúdo educacional para alunos e remotos/on-line, além de propiciar comunicação síncrona entre professores e alunos. A segunda geração (de 2008 até hoje) se apoia em maior interatividade, aprendizagem personalizada, gerenciamento eficiente da sala de aula (física e/ou virtual) e melhor monitoramento dos alunos.

A próxima geração deve focar em diferentes capacidades, atividades e tecnologias que expressam diferentes níveis de inteligência tecnológica, como mostra o Quadro 5.3.

---

8   KOPER, R. Conditions for effective smart learning environments. *Smart Learning Environments*, v. 1. n. 5, 2014, 7 nov. 2014. Disponível em: https://slejournal.springeropen.com/articles/10.1186/s40561-014-0005-4. Acesso em: 7 maio 2020.

Quadro 5.3 Níveis de inteligência (*smartness*) dos ambientes educacionais

Níveis	Capacidade de ...	Possibilita atividades de...	Por meio de tecnologias como...
Adaptar-se	Modificar características físicas ou comportamentais para se adequar ao ambiente ou sobreviver melhor nele.	• Comunicar-se (local e remotamente) • Compartilhar conteúdo • Exibir conteúdo em um idioma preferido • Iniciar sessão com comandos de voz/faciais/de gesto • Fazer perguntas • Fazer apresentações (local e remotamente) • Discutir • Anotar	• Tecnologias Web • Analítica baseada em sessão • Dispositivos digitais pessoais • Sistemas de realidade aumentada (RA) e virtual (RV) • Tecnologias de apresentação (lousas interativas etc.) • Mídias sociais • Sensores (ar, temperatura, número de pessoas, papéis etc.)
Sentir	Identificar, reconhecer, entender e/ou tomar consciência do fenômeno, evento, objeto, impacto etc.	• Ajustar automaticamente o ambiente físico (iluminação, temperatura, umidade etc.) • Coletar em tempo real *feedback* dos alunos de contextos diversos • Monitorar a atividade discente • Processar dados de sala de aula (física ou virtual) em tempo real • Fornecer suporte personalizado e andaimaria para necessidades especiais dos alunos • Suportar sistemas baseados em agentes • Interagir com sistemas inteligentes • Conectar estudantes de vários locais	• Ações de disparo, definidas em modelos variados (aprendiz, escola, professor, sala de aula inteligente etc.) • Big Data • Várias interfaces e canais de teclado, tela, voz, agente, movimentos dos olhos, gestos
Inferir	Chegar a conclusões lógicas com base em dados brutos, informações processadas, observações, evidências, suposições, regras e raciocínio lógico.	• Reconhecer cada indivíduo • Processar dados de sala de aula (física ou virtual) em tempo real • Processar conjuntos de dados incompletos do processo • Discutir conteúdos apresentados e atividades proposta com alunos remotos em tempo real, usando a linguagem preferida pelos alunos individualmente	• Mecanismos de processo simples baseados em regras • Motores de inferência mais complexos • Processadores de linguagem natural

158 Data Science na Educação

Aprender	Adquirir novos ou modificar conhecimentos, experiências e comportamentos existentes para melhorar o desempenho, a eficácia, as habilidades etc.	• Capacidade de sugerir mudanças no sistema • Avaliar habilidades em tempo real • Avaliar conhecimento em tempo real • Acomodar múltiplas inteligências	• Inteligência Artificial (IA) • Machine Learning (ML), ou Aprendizado de Máquina • Deep Learning (DL), ou Aprendizado Profundo
Antecipar	Pensar ou raciocinar para prever o que acontecerá ou o que fazer a seguir.		• Analítica preditiva
Auto--organizar-se	Alterar sua estrutura interna (componentes), se autorregenerar e se sustentar de maneira intencional (não aleatória), sob condições apropriadas, sem um agente ou entidade externo.		• Todas as tecnologias anteriores, com um foco intenso em IA

Fonte: adaptado de HOEL; MASON, 2018.

Assim, um ambiente de aprendizagem pode ser considerado inteligente quando utiliza tecnologias adaptativas ou quando é projetado para incluir recursos e capacidades inovadoras que melhoram a compreensão e o desempenho dos alunos.

Amplamente definidos, os ambientes inteligentes de aprendizagem representam uma nova onda de sistemas educacionais, que envolvem interação efetiva entre pedagogia e tecnologia para a melhoria dos processos de aprendizagem.

5.3 DESIGN INSTRUCIONAL INTELIGENTE

Para alcançar o pleno potencial da aprendizagem inteligente – baseada em experiências imersivas cada vez mais adaptáveis e contextualizadas –, é importante projetar os ecossistemas de aprendizagem usando metodologias de design também emergentes.

O **Design Instrucional 4.0 (DI 4.0)**[9] **articula o design instrucional** – baseado nas tradicionais etapas de análise, design, desenvolvimento, implementação e avaliação – com as abordagens mais recentes de Design Thinking (DT), Design da Experiência de Aprendizagem (LXD) e Design Instrucional Orientado a Dados (DDLD), como mostra o Quadro 5.4.

Quadro 5.4 Articulações do DI 4.0 para a educação inteligente

Abordagem de design		Descrição
DI	Design Instrucional clássico	Fundamenta-se em décadas de estudos teóricos e relatos de experiências práticas, que oferecem uma estrutura rígida e ancorada na tradição para a criação de soluções educacionais, incluindo eventos instrucionais, materiais didáticos, ambientes e experiências completas de aprendizagem.[10]
DT	Design Thinking	Pela valorização do pensamento criativo para responder rapidamente às mudanças no ambiente, é visto como vetor de inovação, na medida em que oferece um *mindset* (forma de pensar) e um conjunto de estratégias de cocriação que permitem encontrar soluções criativas para problemas complexos e pouco estruturados.[11]
LXD	Design da Experiência de Aprendizagem	Calcado nos princípios de UX (*User eXperience*), oferece um conjunto de métodos, ferramentas, sistemas e modelos que possibilita projetar experiências de aprendizagem atraentes, memoráveis e significativas.
DDLD	Design Instrucional Orientado a Dados	Voltado a projetar a captura, o tratamento e a análise dos dados de aprendizagem, para subsidiar a tomada de decisões que impulsionem a ação humana ou que sejam executadas por máquinas inteligentes.

Fonte: elaborado pela autora.

Aprender a qualquer hora e em qualquer lugar realmente não é um conceito novo. No entanto, quando esses processos são vistos como uma atividade que se estende por toda a vida, é importante projetá-los explicitamente e apoiá-los intencionalmente.

Assim, um design instrucional "inteligente" orquestra, de maneira iterativa e colaborativa, currículo, teoria educacional, experiências baseadas na prática e recursos tecnológicos cada vez mais diversificados e sofisticados.

---

9   FILATRO, A. *DI 4.0*: inovação na educação corporativa. São Paulo: Saraiva, 2019.

10 FILATRO, A. *Design instrucional contextualizado*. São Paulo: Editora Senac, 2004; FILATRO, A. *Design instrucional na prática*. São Paulo: Pearson/Prentice-Hall, 2008.

11 CAVALCANTI, C. C.; FILATRO, A. *Design thinking na educação presencial, a distância e corporativa*. São Paulo: Saraiva, 2017.

5.4 SINGULARIDADE E INTELIGÊNCIA HUMANO-COMPUTACIONAL

A tecnologia desencadeou a evolução do Data Science e, particularmente, da IA, colocando-nos às portas da **Singularidade Tecnológica** – momento em que o poder computacional excederá a capacidade do cérebro humano mais inteligente e evoluído.[12]

Juntamente com os avanços impressionantes no desenvolvimento de algoritmos de Machine Learning, uma evolução paralela acontece no campo dos hardwares – chips neuromórficos estão sendo projetados para processar dados sensoriais humanos, como imagens, cheiros e sons, e para responder a alterações nesses dados de maneiras não programadas, como mostra a Figura 5.1.

➕ Veja mais sobre Machine Learning à p. 117.

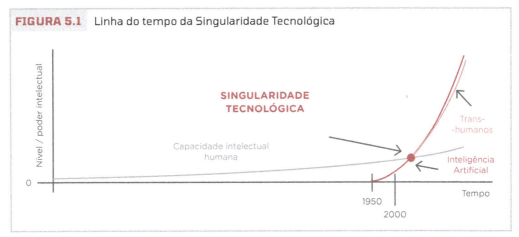

FIGURA 5.1 Linha do tempo da Singularidade Tecnológica

Fonte: adaptada de HOLSOLIVIA, 2014.

Independentemente de acreditarmos ou não que chegaremos a esse estágio, a simples ideia de que possa se concretizar suscita preocupações e incertezas sobre o futuro da humanidade como um todo e o futuro da educação em particular.

---

12 PANDYA, J. The troubling trajectory of technological singularity. *Cognitive World/Forbes*, 10 fev. 2019. Disponível em: https://www.forbes.com/sites/cognitiveworld/2019/02/10/the-troubling-trajectory-of-technological-singularity/#55f8ffd16711. Acesso em: 7 maio 2020.

Alguns acreditam que, para superar a Super IA, é possível ampliar a inteligência humana por meio de avanços na bioengenharia, engenharia genética, interfaces diretas cérebro-computador, Assistentes de Voz Inteligentes, entre outros, a ponto de, em uma espécie de fusão entre humanos e máquinas, criar um Super-humano Superinteligente.

⊕ Veja mais sobre Assistentes de Voz Inteligentes à p. 134.

Por outro lado, por mais complexa e incerta que seja a evolução do Data Science – e as pesquisas sobre o cérebro humano no futuro –, o que o presente nos mostra são as potencialidades oferecidas.

Do Knowledge Discovery in Databases (KDD), ou Descoberta de Conhecimento em Bases de Dados, ao Learner Analytics; da Análise Social das Redes à Internet das Coisas (IoT Analytics); da Robótica à IA, a perspectiva é que qualquer pessoa, não importa sua idade, nível de escolarização ou localização geográfica, encontre respostas de maneira fácil e rápida, crie produtos ou realize tarefas, apenas expressando seus desejos. A promessa é: da mente à manufatura, seremos capazes de fazer e criar quase tudo o que quisermos.[13]

A despeito de questionamentos essenciais quanto às desigualdades socioeconômicas e políticas em nível nacional e internacional, e justamente devido a esses questionamentos, a reflexão sobre o futuro da educação é mais do que urgente.

De um lado, enfrentamos hoje a pressão por formar pessoas inteligentes, capazes de lidar no futuro com esse cenário repleto de enigmas existenciais (A Super IA vai escravizar os humanos?) e práticos (Como atuar profissionalmente em um mundo dominado por máquinas?). De outro, enfrentamos hoje o desafio crescente da desintermediação do ensino (a rede mundial conecta máquinas, organizações e pessoas; a mineração e a analítica de dados tornam muito mais transparentes os processos e as tomadas de decisão). E nem estamos considerando aqui os avanços recentes e crescentes da neurociência na busca por conectar cérebros e máquinas. Tudo isso abre as portas para um mundo em que todos podem aprender e ensinar independentemente de regras e burocracias.

---

13 DIAMANDIS, P. H. A model for the future of education. *SingularityHub*, 12 set. 2018. Disponível em: https://singularityhub.com/2018/09/12/a-model-for-the-future-of-education-and-the-tech-shaping-it/. Acesso em: 17 fev. 2020.

Nesse futuro, o que, enquanto seres humanos, nos distinguiria das máquinas inteligentes? A Figura 5.2 elenca atributos críticos para crianças, jovens e adultos no cenário presente e futuro.

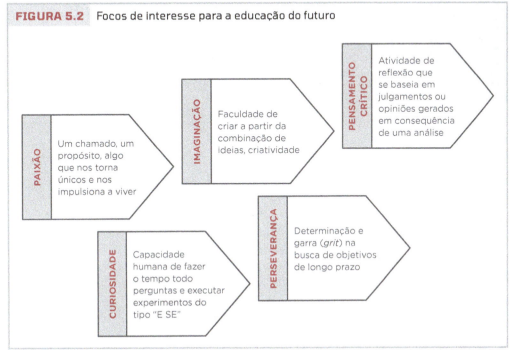

FIGURA 5.2 Focos de interesse para a educação do futuro

Fonte: adaptada de DIAMANDIS, 2018.

Paixão, imaginação, curiosidade, pensamento crítico, perseverança... Além de serem focos dos processos de formação de crianças e adolescentes, e também da educação continuada para adultos engajados ou não no mundo do trabalho, não seriam esses atributos desejados para professores, designers instrucionais, gestores e todas as demais partes interessas na educação?

Invocamos aqui, então, um contraponto. A **Singularidade Humana** – a natureza única, ímpar, distintiva da espécie humana como um todo e de cada pessoa em particular – é a força que nos fez chegar até aqui. Só com essa certeza poderemos continuar relevantes no grande, imenso e complexo esforço de educar pessoas.

CASES

Como um todo, o uso de Data Science ainda é bastante recente na educação. Se consideramos o tamanho do desafio educacional brasileiro, são poucas as experiências com Educational Data Mining, Learning Analytics e Inteligência Artificial na Educação.

No entanto, existe um movimento entre algumas instituições brasileiras (do ensino superior, do Sistema S e de universidades corporativas) na experimentação e implementação dessas práticas na educação. Entre elas, citamos três casos de porte: o do Banco Central do Brasil – instituição pública que há décadas trabalha com educação corporativa; o do Senai Nacional – sistema de reconhecido pioneirismo na educação profissional e tecnológica brasileira; e o da UniCesumar, instituição privada de ensino superior com atuação reconhecida no ensino presencial e na educação a distância.

 Apresentamos a seguir um breve resumo desses três casos, que são desenvolvidos com mais detalhamento no material de apoio ao livro, acessível apontando seu aparelho para o QR Code ao lado.

Instituição	# Banco Central do Brasil
Breve descrição	O Banco Central do Brasil é uma das maiores instituições públicas do país, com sede em Brasília e representações em diversas capitais. Tem por missão "assegurar a estabilidade do poder de compra da moeda e um sistema financeiro sólido e eficiente". Com 55% de seus 3.606 servidores[1] distribuídos por todo o Brasil, conta com uma UniBC como ponta de lança para as ações de educação corporativa.
Resumo do *case*	O *case* descreve as iniciativas da UniBC na implantação de um ambiente de aprendizagem mais amplo e inovador, o **Sapiens**, fortemente orientado a dados e à IA. Composto por LMS Moodle no formato Software as a Service (SaaS), abrange ferramentas de autoria; acesso *mobile*; modelos de avaliação apoiados por IA; e utilização de Learning Record Store (LRS), ou Armazéns de Registro de Aprendizagem, baseado na eXperience API (xAPI), ou API da Experiência, para reunir dados primários de diversos sistemas de gestão.

Instituição	# Senai
Breve descrição	O Serviço Nacional de Aprendizagem Industrial (SENAI) é um dos cinco maiores complexos de educação profissional do mundo e o maior da América Latina. Seus cursos formam profissionais para 28 áreas da indústria brasileira, desde a iniciação profissional até a graduação e pós-graduação tecnológica. Para atender às demandas da Indústria 4.0, o Departamento Nacional, em parceria com os Departamentos Regionais do SENAI, tem impulsionado diversos movimentos de transformação digital a partir de uma Metodologia de Educação Profissional consolidada e em constante atualização.
Resumo do *case*	O *case* descreve uma série de projetos baseados em dados e em IA, como o Ensino Adaptativo, que disponibiliza conteúdos de forma diferenciada conforme a necessidade de aprendizagem de cada aluno; o Assistente Pessoal "Cadu", que oferece a alunos e professores uma gama de serviços, além de mostrar conteúdos profissionalizantes e temas que podem ser objeto das questões do ENEM; e o uso de Realidade Aumentada para avaliação prática de competências profissionais, além de uma plataforma para gestão e visualização dos resultados da Avaliação de Desempenho dos Estudantes.

Instituição	# UniCesumar
Breve descrição	A UniCesumar está entre as 4% das melhores Instituições de Ensino Superior do Brasil. Obteve Conceito Institucional 5, nota máxima na avaliação realizada pelo MEC em relação à qualidade das instituições, e foi reconhecida em fevereiro de 2020 como Universidade. Com 20 mil alunos em 6 *campi* presenciais, por meio da educação a distância está presente em todos os estados brasileiros, possui mais de 260 mil alunos e cerca de 800 polos de educação a distância, inclusive no exterior, nas cidades de Dubai, Miami e Genebra.
Resumo do *case*	O *case* descreve como a instituição desenvolveu uma solução analítica capaz de acompanhar, em tempo real, indicadores como análise de evasão, desempenho acadêmico, inadimplência, fluxo de matrículas e estudos geográficos. Por meio dessa solução, o corpo acadêmico tem acesso a dados que ajudam a compreender o comportamento dos alunos tanto nas ações presenciais como nos cursos a distância, e a agir rapidamente nas áreas gerenciais e acadêmicas, a fim de personalizar a jornada do estudante e neutralizar efeitos negativos que possam leva-lo à desistência.

Fonte: elaborado pela autora.

---

1   UniBC – Universidade Banco Central. Dados de dezembro de 2019.

PERSPECTIVAS[1]

Novas fronteiras para o conhecimento e a aprendizagem

DIÓGENES JUSTO

Na última década, uma classe específica de algoritmos de Inteligência Artificial (IA), chamada Deep Learning, trouxe grandes evoluções no uso de redes neurais em geral (por exemplo, no tratamento de textos).

As ferramentas de tradução, que antes empregavam extensivamente técnicas de linguística, tiveram um salto de desempenho. Parece-nos que, de repente, os tradutores automáticos começaram a "aprender" contextos. A evolução não parou por aí. Atualmente, é possível treinar um algoritmo de IA (especificamente uma rede neural profunda) com uma base de dados textuais (por exemplo, obras literárias de determinado autor), e, baseando-se em modelos preditivos, utilizar tais algoritmos para, literalmente, escrever um novo texto com o "estilo" do autor. Muitas experiências têm sido feitas nesse sentido, com resultados cada vez mais surpreendentes.

Essa classe de dados vem sendo chamada de dados "artificiais", ou dados "sintéticos", visto que não são dados reais coletados e posteriormente tratados, mas gerados "artificialmente", ou seja, criados em laboratório e não provenientes de experimentos reais.

---

[1] Após a atenta revisão técnica realizada pelo prof. Diógenes Justo, pedimos a ele que nos trouxesse sua visão sobre o futuro da aprendizagem no contexto do Data Science. O texto a seguir nos brinda com essa perspectiva.

No campo da visão computacional, uma classe específica de redes neurais chamada Generative Adversarial Neural Network (GAN), descoberta (ou inventada) em 2014 por Ian Goodfellow, tem apresentado resultados notáveis. Inicialmente aplicada a conjuntos de imagens reais, duas redes "aprendem" sobre dados e geram um novo conjunto de dados "sintéticos" a partir de características conhecidas e treinadas. Os resultados iniciais eram imagens com vultos de pessoas. Em cinco anos, impressiona o grau de realismo das fotos de pessoas que não existem e que foram geradas artificialmente.[2]

Imagine agora aonde poderemos chegar em mais cinco anos de evolução. Diversas pesquisas têm analisado vídeos de forma muito mais avançada do que simplesmente detectar faces de pessoas no meio da multidão, procurando identificar contextos e gerando novos vídeos (imagens em movimento) para os quais os algoritmos foram treinados.

Essas técnicas são aplicadas a textos, fotos, áudios e vídeos. Existem diversos experimentos, alguns comerciais inclusive, de criação de trilhas sonoras "sintéticas" em que um robô cria *jingles* para campanhas. É o caso da Artificial Intelligence Virtual Artist (Aiva.Ai).[3]

Em outro exemplo, a empresa DeepMind (atualmente controlada pelo Google) criou um robô utilizando uma série de técnicas de IA para aprender a jogar um jogo chamado Go, que existe há mais de 2 mil anos e continua muito popular no Oriente, em especial na Coreia do Sul, onde existem campeonatos nacionais. Foi proposto um desafio ao grande campeão nacional de Go da Coreia do Sul: jogar contra a máquina.[4]

---

2   Os resultados estão disponíveis em: https://thispersondoesnotexist.com/. Acesso em: 23 abr. 2020.
3   Se quiser tirar suas próprias conclusões, escolha seu estilo sonoro preferido e ouça algumas composições sintéticas em: https://www.aiva.ai/. Acesso em: 9 jul. 2020.
4   O experimento está relatado em diversos artigos, veja: SILVER, D.; HASSABIS, D. AlphaGo Zero: starting from scratch. *DeepMind*, 2017. Disponível em: https://deepmind.com/blog/article/alphago-zero-starting-scratch. Acesso em: 6 maio 2020; SILVER, D. *et al.* Mastering the game of Go without human knowledge. *Nature*, v. 550, n. 354, out. 2017. Disponível em: https://www.nature.com/articles/nature24270.epdf?author_access_token=VJXbVjaSHxFoctQQ4p2k4tRgN0jAjWel9jnR3ZoTvOPVW4gB86EEpGqTRDtpIz-2rmo8-KG06gqVobU5NSCFeHILHcVFUeMsbvwS-lxjqQGg98faovwjxeTUgZAUMnRQ. Acesso em: 6 maio 2020.

No caso da solução AlphaGo Zero, empregou-se a técnica de aprendizado de reforço (*reinforcement learning*), curiosamente sem utilizar bases de dados de jogos anteriores de humanos. O problema do jogo foi modelado e a partir daí o computador passou a jogar inúmeras vezes, testando diversas possibilidades, para aprender com seu próprio conhecimento gerado. O resultado do desafio, melhor de cinco jogos, está registrado em formato de documentário sob o nome *AlphaGo – The Movie*.[5] Alguns fatos impressionam. Por exemplo, as jogadas do computador foram analisadas por inúmeros especialistas no jogo, com a conclusão de que nunca fora vista tal "estratégia" apresentada pelo computador. Isto é, os humanos aprenderam um novo conhecimento a partir de um computador programado não literalmente para tal atividade.

Estamos, de fato, diante de um novo paradigma: É possível um computador ensinar novos conhecimentos a seres humanos, a partir de exemplos? O experimento citado aparentemente traz luz a essa pergunta. Alguns podem questionar a definição do que é conhecimento, do que é inteligência, do que é "aprender". Ainda assim, parece inegável que estamos diante de uma nova fronteira de conhecimento que será desafiada cada vez mais nos próximos anos (e não deve estar tão longe assim).

É evidente que muitas tecnologias citadas aqui podem ser utilizadas para fins não benéficos (como criar *fake news*), mas também podem ser aplicadas a uma vasta gama de outros usos que podem nos ajudar a vencer inúmeros desafios que estão na fronteira da cognição. Na Duke University, por exemplo, um grupo de pesquisadores está utilizando tecnologias para criar soluções no tratamento de crianças autistas.[6]

O que se vê na comunidade de pesquisa relacionada à IA, em que o campo de estudos de maior atividade na atualidade é o Deep Learning, são pesquisas que procuram desvendar o conhecimento humano: como nós, humanos, seres vivos evoluídos no grau de consciência e inteligência, aprendemos e evoluímos. Esse parece ser o meio motriz para a evolução que temos acompanhado.

---

5 ALPHAGO – The Movie. Full Documentary. Disponível em: https://www.youtube.com/watch?v=WXuK6gekU1Y. Acesso em: 9 jul. 2020.

6 Veja em: EGGER, H. L. *et al*. Automatic emotion and attention analysis of young children at home: a ResearchKit autism feasibility study. *Nature*, n. 20, 2018. Disponível em: https://www.nature.com/articles/s41746-018-0024-6. Acesso em: 6 maio 2020.

O cenário pós-apocalíptico que muito se vê como inspiração de obras cinematográficas e literárias está longe de ser o senso comum científico que se desenvolve nas pesquisas do ramo. Estamos, realmente, muito longe de máquinas tomarem decisões por si só. A IA que temos hoje é, de fato, especialista. A discussão produtiva na atualidade é como esta IA pode ser aplicada com sucesso para soluções de problemas realmente relevantes para a sociedade.

GLOSSÁRIO

Agente autônomo: sistema computacional capaz de perceber um ambiente e agir de forma autônoma.

Algoritmo: conjunto predeterminado e bem definido de regras e processos destinados à solução de um grupo de problemas semelhantes, com um número finito de etapas. Constitui-se basicamente em um conjunto de declarações condicionais SE-ENTÃO (IF-THEN), fluxo de programas, laços de repetição, entre outras estruturas de linguagem.

Algoritmo genético: algoritmo de busca e otimização inspirado na seleção natural e na reprodução genética, que emprega um processo adaptativo e paralelo de busca de soluções para problemas complexos.

Análise de regressão: análise cujo objetivo é verificar a existência de uma relação funcional entre uma variável dependente e uma ou mais variáveis independentes.

Análise de sensibilidade: técnica que busca medir o impacto gerado por mudanças nos parâmetros ou nas atividades em um processo.

Andaimaria: ajuda ou assistência que um adulto (pais, professores) oferece a uma criança enquanto ela desenvolve alguma tarefa de aprendizagem; por extensão, o apoio inversamente proporcional de quem ensina a quem avança no processo de aprendizagem.

Application Programming Interface (API): conjunto de rotinas e padrões de programação para acesso a um aplicativo de software ou plataforma baseado na Web.

Árvore de decisão: ferramenta de suporte à tomada de decisão que usa um gráfico no formato de árvore e demonstra visualmente as condições e probabilidades para se chegar a resultados.

Avaliação diagnóstica: aplicada antes de uma ação de aprendizagem para verificar características como perfil digital, estilos de aprendizagem e domínio de competências ou de conhecimentos.

Avaliação formativa: ocorre durante uma ação de aprendizagem e é considerada uma avaliação para a aprendizagem direcionada ao futuro, no lugar de uma avaliação da aprendizagem passada.

Avaliação somativa: realizada ao final de um programa, curso ou unidade, visando avaliar o rendimento global alcançado pelo aprendiz.

Blockchain: livro de registros que fornece uma maneira de gravar e compartilhar informações como transações, contratos, ativos, identidades ou praticamente qualquer outra coisa que possa ser descrita em formato digital.

Business Intelligence (BI), ou Inteligência de Negócios: prática de analisar dados para ajudar as empresas a tomar decisões de negócios mais informadas.

Data warehouse: repositório central de dados que podem ser analisados para tomar decisões mais fundamentadas.

Escala Likert: tipo de escala de resposta psicométrica usada em questionários para medir opiniões, percepções e comportamentos, no qual os respondentes especificam seu nível de concordância com uma afirmação.

Estoque de conhecimento: total de capacidade cognitiva disponível para um projeto (individual ou em grupo) e os níveis de organização do projeto.

Gamificação: inclusão de elementos de jogos como envolvimento, autonomia e progressão em contextos que não são jogos propriamente ditos.

Global Positioning System (GPS): sistema de posicionamento global que fornece a um aparelho receptor em solo (celular, *tablet*, dispositivo conectado ou aparelho automotivo) sua posição geográfica, em tempo real, em qualquer lugar do planeta.

Grafo: estrutura de vértices e arcos usada para representar um modelo no qual existem relações entre objetos.

Inferência estatística: técnica que consiste em fazer afirmações probabilísticas sobre o modelo probabilístico da população a partir de uma amostra aleatória dessa população.

Inteligência acionável: conjunto de informações que geram *insights* e impulsionam a ação.

Interoperabilidade: capacidade de indivíduos, organizações ou plataformas tecnológicas trabalharem juntos.

Learning Management System (LMS): sistema de gerenciamento de aprendizagem que reúne ferramentas para armazenamento e visualização de conteúdos, interações síncronas e assíncronas, e avaliação, como, por exemplo, Moodle (de código aberto) e Blackboard e Canvas (proprietários).

Learning Record Store (LRS): sistema baseado na especificação xAPI capaz de receber, armazenar e fornecer acesso a dados de uma variedade de experiências de aprendizagem, mesmo fora dos tradicionais ambientes on-line.

Mapa de calor (heatmap): representação gráfica que mostra em quais pontos de um site, blog ou ambiente digital houve maior atividade por parte do usuário.

Metadados: dados sobre dados, como autor, data de criação, local de criação, conteúdo, forma, dimensões e outras informações importantes, passadas a máquinas e/ou pessoas, auxiliando na descrição, identificação, gerenciamento, localização, compreensão e preservação dos dados.

Modelagem: criação de um modelo que explica a lógica de funcionamento e comportamento de um sistema.

Modelagem (de dados): aplicação de modelos para análise, compreensão e estudo dos dados.

Modelo (de dados): demonstração de como serão construídas as estruturas de dados, de como os dados estarão organizados e de quais relacionamentos se pretendem estabelecer entre eles.

MOOCs (Massive Open Online Courses), ou Cursos On-line Abertos e Massivos: cursos acessíveis a qualquer pessoa, em qualquer lugar, sem exigências de conhecimentos ou certificações anteriores, atingindo geralmente milhares de participantes.

NoSQL: termo usado para representar bancos com grandes quantidades de dados (Big Data), que fornecem mecanismos de armazenamento e recuperação de dados modelados de formas mais baratas e menos trabalhosas que as relações tabulares usadas nos bancos de dados relacionais.

Nuvem de palavras: gráfico digital que mostra o grau de frequência das palavras em um texto; quanto mais a palavra é utilizada, mais destacada em tamanho ou cores é a representação dessa palavra no gráfico.

Objetos de aprendizagem (OAs): experiências independentes baseadas em um único objetivo de aprendizagem, que os alunos podem acessar conforme necessário ou de modo combinado a outros objetivos de aprendizagem para compor um curso mais completo.

Pattern matching: correspondência de padrões pela verificação e localização de sequências específicas de dados em dados brutos.

Personal Learning Environment (PLE): ambiente de aprendizagem pessoal que reúne um conjunto de ferramentas interligadas pelo conceito de abertura, interoperabilidade técnica e autonomia do aprendiz.

Portfólio: coleção de artefatos acumulados que representam o que um aluno ou um grupo de alunos aprendeu ao longo do tempo, podendo incluir anotações de sala de aula, revisões de materiais, projetos, produções individuais ou coletivas, em formato físico ou digital.

RDFI (Radio-Frequency Identification): identificação automática de objetos, pessoas, animais e veículos, entre outros, por meio de sinais de rádio, em tempo real.

Realidade aumentada (RA): ambiente que mistura elementos do mundo real a conteúdos sintéticos interativos, gerados em tempo real, com base em dados digitais virtuais.

Realidade virtual (RV): ambiente imersivo, modelado por computador, que simula a presença de pessoas em locais do mundo real ou de um mundo imaginário.

Recursos educacionais abertos (REAs): materiais de ensino, aprendizagem e pesquisa, em qualquer suporte ou mídia, sob domínio público ou licenciados de maneira aberta, que permitem a utilização ou adaptação por terceiros.

Rede neural: coleção de pequenas unidades de computação (os neurônios), que, a partir de dados de entrada, aprende a tomar decisões ao longo do tempo.

Renderização: processo pelo qual um material bruto digitalizado contendo textos, imagens, vídeos ou áudios, mais recursos como transições, legendas e efeitos são unificados e transformados num único produto final.

Significância estatística: valor a partir do qual a diferença é considerada significativa, geralmente fixado pelo pesquisador, muitas vezes de forma arbitrária.

SQL (Structured Query Language): linguagem utilizada para criar sistemas de gerenciamento de bancos de dados, implementar projetos de banco de dados e gerenciar o acesso aos dados.

Streaming: tecnologia de transmissão de dados em fluxo contínuo pela Internet.

Support Vector Machine (SVM), ou Máquina de Vetores de Suporte: algoritmo de Machine Learning (ML), ou Aprendizado de Máquina, supervisionado que pode ser usado para desafios de classificação ou regressão.

Tecnologias vestíveis (wearable): dispositivos inteligentes que o usuário literalmente veste e usa como se fossem acessórios, como relógios, pulseiras, luvas, óculos e até mesmo roupas.

Teorema de Bayes: lei ou regra que descreve como alterar a probabilidade de um evento, baseada em conhecimentos *a priori* relacionados ao evento, tendo em vista novas evidências para obter probabilidades *a posteriori*.

Chave de tradução

Adaptive Hypermedia Systems (AHSs)	Sistemas Hipermídia Adaptativos
Application Programming Interface (API)	Interface de Programação de Aplicativos
Artificial Intelligence in Education (AIED)	Inteligência Artificial na Educação
Automatic Speech Recognition (ASR)	Algoritmos de Reconhecimento Automático de Fala
Big Data	"Grandes Dados"
Central Processing Unit (CPU)	Unidade de Processamento Central
Computer Assisted Instruction (CAI)	Instrução Assistida por Computador
Data Driven Decision Making (DDDM)	Tomada de Decisão Orientada a Dados
Data Driven Educacional Decision (DDEDM)	Tomada de Decisão Educacional Orientada a Dados
Data Driven Learning Design (DDLD)	Design Instrucional Orientado a Dados
Data Mining	Mineração de Dados
Data Science	Ciência de Dados
Deep Learning (DL)	Aprendizado Profundo
Educational Data Mining (EDM)	Mineração de Dados Educacionais
Educational Data Science (EDS)	Ciência de Dados Educacionais
eXperience API (xAPI)	API da experiência
Global Positioning System (GPS)	Sistema de Posicionamento Global
Graphical Processing Unit (GPU)	Unidade de Processamento Gráfico
Intelligent Tutoring Systems (ITSs)	Sistemas de Tutoria Inteligente
Internet of Things (IoT)	Internet das Coisas

Knowledge Discovery in Databases (KDD)	Descoberta de Conhecimento em Bases de Dados
Large-Vocabulary Continuous Speech Recognition (LVCSR)	Reconhecimento Contínuo de Fala de Grande Vocabulário
Learning Analytics (LA)	Analítica da Aprendizagem
Learning Management Systems (LMSs)	Sistemas de Gerenciamento da Aprendizagem
Learning Record Stores (LRSs)	Armazéns de Registros de Aprendizagem
Machine Learning (ML)	Aprendizado de Máquina
Mobile Learning Analytics (MLA)	Analítica da Aprendizagem Móvel
Natural Language Processing (NLP)	Processamento de Linguagem Natural
Optical Character Recognition (OCR)	Reconhecimento Ótico de Caracteres
Personal Learning Environments (PLEs)	Ambientes de Aprendizagem Pessoais
Radio-Frequency identification (RDFI)	Identificação por Radiofrequência
Sharable Content Object Reference Model (SCORM)	Modelo de Referência para Objetos de Conteúdo Compartilhável
Structured Query Language (SQL)	Linguagem de Consulta Estruturada
Student Information Systems (SISs)	Sistemas de Informação do Aluno
Ubiquitous Learning Analytics (ULA)	Analítica da Aprendizagem Ubíqua
Video Content Analysis (VCA)	Análise de Conteúdo de Vídeo

Chave de siglas

AHSs	Adaptive Hypermedia Systems
AIED	Artificial Intelligence in Education
API	Application Programming Interface
ASR	Automatic Speech Recognition
CAI	Computer Assisted Instruction
CPU	Computer Processing Unit
DDDM	Data Driven Decision Making
DDEDM	Data Driven Educacional Decision
DDLD	Data Driven Learning Design
DP	Deep Learning
EDM	Educational Data Mining
EDS	Educational Data Science
ENADE	Exame Nacional de Desempenho dos Estudantes
ENEM	Exame Nacional do Ensino Médio
GPS	Global Positioning System
GPU	Graphical Processing Unit
IA	Inteligência Artificial
IoT	Internet of Things
ITSs	Intelligent Tutoring Systems
KDD	Knowledge Discovery in Databases
LA	Learning Analytics
LGPD	Lei Geral de Proteção de Dados Pessoais
LMSs	Learning Management Systems
LRSs	Learning Record Stores
LVCSR	Large-Vocabulary Continuous Speech Recognition
ML	Machine Learning
MLA	Mobile Learning Analytics
NLP	Natural Language Processing
OCR	Optical Character Recognition
PLEs	Personal Learning Environments
RDFI	Radio-Frequency identification
SCORM	Sharable Content Object Reference Model
SISs	Student Information Systems
SQL	Structured Query Language
ULA	Ubiquitous Learning Analytics
VCA	Video Content Analysis
xAPI	eXperience API

ÍNDICE REMISSIVO

A

Academic Analytics, 69, 100, 101-103
Agente autônomo, 113, 115, 171
AIED. *Ver* Inteligência Artificial na Educação
Algoritmo, 7, 16, 29, 37, 47, 66, 73, 86, 107, 117,
117, 122, 129, 137, 161, 167, 171
genético, 32, 171
Aluno "inteligente", 153
Ambientes de aprendizagem inteligentes,
157-159
Análise
de influência social, 45
de Redes Sociais, 44-46, 48, 77, 78, 85, 86,
88, 95
de regressão, 32, 37, 95, 171
de sensibilidade, 21, 171
versus Analítica, XVI, 67-68
Analítica
Acadêmica ou Institucional. *Ver* Academic
Analytics
de Conteúdo de Vídeo. *Ver* Video Analytics
de Fala, 73, 85
do Aluno. *Ver* Learner Analytics
versus Análise, XVI, 67-68
Analysis (Análise)
versus Analytics (Analítica), 67-68
Analytics (Analítica)
versus Analysis (Análise), 67-68
Andaimaria, 27, 29, 158, 171
Anomalias, 5, 40, 41, 43, 51
API. *Ver* Application Programming Interface
Application Programming Interface (API),
99, 171
Aprendizagem
Inteligente, XVI, 155-156, 157-159, 160
Mediada por Chatbots, 141
Artificial Intelligence in Education (AIED) *Ver*
Inteligência Artificial na Educação
Árvore de decisão, 171
Assistentes de Voz Inteligentes, XVI, 130,
134, 162
Audio Analytics, 69, 73-74
Autosserviço (self-service), 57
Avaliação
diagnóstica, 171
formativa, 17, 29, 92, 131, 171
somativa, 131, 171

B

BI. *Ver* Business Intelligence
Big Data
estrutura dos dados, 6-7
governança de dados, 10-11
na educação, 16-21
origem dos dados, 8-9
tipos de dados, 4-5
Blockchain, 146, 171
Business Intelligence (BI), 69, 172

C

Cases
Banco Central, 164-165
Senai Nacional, 164-165
Unicesumar, 164-165

Chatbot-Mediated Learning (CML). *Ver*
Aprendizagem Mediada por Chatbots
Chatbots
Aprendizagem Mediada por, 141
na educação, 141-142
Cidades inteligentes, XVI, 153
Classificação, 34, 35-36, 38, 42, 85, 86, 95,
111, 120, 174
Cluster (conglomerado), 32, 38, 114
Clusterização, 38-39, 45, 48, 85, 86, 95, 111,
119, 121, 126
CML. *Ver* Aprendizagem Mediada por
Chatbots
Combinação por similaridade, 34, 39
Conglomerado. *Ver* Cluster

D

Dados
anonimizados, 11
educacionais, 9, 14, 7-21, 42, 47, 48, 49, 50, 58,
89, 99, 146
estrutura, 6-7
governança, 10-11, 13-15
origem, 8-9
pessoais sensíveis, 11
tipos, 4-5
tomada de decisão orientada a, 61-63
visualização, 42, 56-57, 59, 85, 88
Dashboards, XXIX, 57-58
educacionais, 59-60
Data Analytics, 65-103
aplicações, 69
Academic Analytics, 101
Audio Analytics, 73-74
IoT Analytics, 79-81
Learner Analytics, 100
Learning Analytics (LA), 82-103
Social Media Analytics, 77-78
Text Analytics, 71-72
versus Data Mining, 70
versus Inteligência Artificial, 115-116
Video Analytics, 75-76
Data Driven
Decision Making (DDDM). *Ver* Tomada de
Decisão Orientada a Dados
Educational Decision Making (DDEDM) *Ver*
Tomada de Decisão Educacional Orientada
a Dados
Learning Design (DDLD). *Ver* Design
Instrucional Orientado a Dados
Data Mining (DM), 31-63, 66, 67, 70, 86, 88,
95, 115, 120, 175
Educational Data Mining (EDM), 47-51, 63, 83,
116, 164, 175
Knowledge Discovery in Databases (KDD),
52-55, 177
técnicas, 34, 35-46
versus Data Analytics, 70
versus Inteligência Artificial, 115-116
Data Science, XXIV- XXXI
como ciência, XXVI-XXVII
Componentes, XXVIII
na educação, XXX-XXXI
Data viz. Ver Visualização de dados
Data warehouse, 67, 103, 172
DDDM. *Ver* Tomada de Decisão Orientada
a Dados

DDEDM. *Ver* Tomada de Decisão Educacional Orientada a Dados

DDLD. *Ver* Design Instrucional Orientado a Dados

Deep Learning (DL), XII, 7, 106, 107, 111, 123-124

Descrição de comportamento. *Ver* Perfilamento

Design da Experiência de Aprendizagem, 26, 160

Design Instrucional (DI), 22, 29, 62, 82, 91, 93, 128, 155, 160

Design Instrucional 4.0 (DI 4.0), 160
    Inteligente, XVI, 155, 160
    Orientado a Dados, XVII, 22-29, 175

Design Thinking, 26, 160

Destilação de dados para julgamento humano, 42, 117

Detecção de anomalias, 5, 40-41, 43

DI. *Ver* Design Instrucional 4.0

Diagrama de dispersão, 37, 40

DIKW, modelo, 53-55

DL. *Ver* Deep Learning

DM. *Ver* Data Mining

DT. *Ver* Design Thinking

E

EDM. *Ver* Mineração de Dados Educacionais

Educação inteligente, XVI, 151-165
    ambientes de aprendizagem inteligentes, XVI, 157-159
    aprendizagem inteligente, XVI, 155-156, 157, 160
    Design Instrucional Inteligente, XVI, 155, 160
    Singularidade e inteligência humano--computacional, 161-163

Educational Data Mining (EDM). *Ver* Mineração de Dados Educacionais

Efeito IA, 108

Erros ou resíduos, na representação gráfica da técnica de regressão, 37

Escala Likert, 172

Estimativa de probabilidade de classe, 36

Estoque de conhecimento, 172

G

Gamificação, XII, 23, 27, 60, 116, 172

Global Positioning System (GPS), 79, 172

GPS. *Ver* Global Positioning System

Grafo, 56, 172

H

Hardware "inteligente", 153

Heatmap. Ver Mapa de calor

I

IA. *Ver* Inteligência Artificial

IMS Caliper Analytics, 99

Inferência estatística, 20, 172

Inteligência acionável, 66, 172

Inteligência Artificial (IA), XII, 32, 105-149, 154, 159, 167
    áreas, 111-112
    Assistentes de Voz Inteligentes, 134
    chatbots, 139-142
    Deep Learning (DL), 123-124
    Machine Learning (ML), 117-122
    na educação, 143-144, 145-149
    Processamento de Linguagem Natural, 129-131
    processo, 113-114
    robótica, 137-138

sistemas de recomendação, 125-128
    tipos, 109-110
    versus Data Analytics, 115-116
    versus Data Mining, 115-116

Inteligência humano-computacional, 161-163

Intelligent Personal Assistants (IPAs). *Ver* Assistentes de Voz Inteligentes

Internet das Coisas (IoT), XV, XVI, XVII, 2, 8, 23, 80, 162, 175
    Analytics, 79-81

Internet of Things (IoT). *Ver* Internet das Coisas

Interoperabilidade, 79, 96, 98, 172, 173

IoT. *Ver* Internet das Coisas
    Analytics, 79-81, 79-81

IPAs. *Ver* Assistentes de Voz Inteligentes

ITS. *Ver* Sistemas de Tutoria Inteligente

K

KDD. *Ver* Knowledge Discovery in Databases

Knowledge Discovery in Databases (KDD), XVII, 33, 52-55, 162, 177

L

LAP. *Ver* Plataforma de Analítica da Aprendizagem

Learner Analytics, 69, 100-101, 162

Learning Analytics (LA), XII, XVI, XXXI, 22, 24, 27, 62, 63, 69, 82-103, 116, 164, 176, 177
    modelo de referência, 88-96
    padrões, 98-99
    Plataform (LAP). *Ver* Plataforma de Analítica da Aprendizagem
    plataformas, 96-98
    processo, 86-88
    versus EDM, 84-85

Learning Management System (LMS), 20, 28, 51, 86, 172, 176, 177

Learning Record Store (LRS), 28, 90, 165, 172, 176, 177

Lei Geral de Proteção de Dados Pessoais (LGPD), XII, 10, 12, 177

LGPD. *Ver* Lei Geral de Proteção de Dados Pessoais

LMS. *Ver* Learning Management System

LRS. *Ver* Learning Record Store

LXD. *Ver* Design da Experiência de Aprendizagem

M

Machine Learning (ML), XII, XVI, XXIX, 7, 22, 25, 29, 71, 106, 107, 111, 114, 117-122, 132, 159, 161, 174, 176, 177
    aprendizado não supervisionado, 120-121
    aprendizado por reforço, 122
    aprendizado supervisionado, 119-120

Mapa(s) de calor (*heatmap*), XXIX, 172

Máquina de Vetores de Suporte, 174

Massive Open Online Courses (MOOCs), 16, 131, 146, 173

Metadados, 6, 29, 76, 172

Mídias sociais, 27, 44, 45, 46, 77, 78, 90, 158

Mineração de Dados Educacionais, XV, XXX, 22, 47, 48, 175
    processo, 48-51
    Mineração de relacionamentos, 41, 48, 85

ML. *Ver* Machine Learning

Modelagem, XXVII, 29, 32, 33, 49, 50, 67, 70, 85, 94, 172
    causal, 34, 43
    de dados, XXIX, 172

Modelo DIKW, 53-55
Modelos
de dados na educação, 18-21
descritivos, XXIX, 20-21,
preditivos, 20-21, 42, 43, 48, 51, 72, 93, 102, 167,
prescritivos, 21
MOOCs. *Ver* Massive Open Online Courses)

N

Nature Language Processing (NLP). *Ver*
Processamento de Linguagem Natural
NLP. *Ver* Processamento de Linguagem
Natural
NoSQL, 67, 173
Nuvem de palavras, 56, 173

O

OAs. *Ver* Objetos de aprendizagem
Objetos de aprendizagem (OAs), 99, 127, 173
Outliers. *Ver* Anomalias

P

Pattern matching, 148, 173
Pensamento computacional, 137
Perfilamento, 34, 43
Personal Learning Environment (PLE), 28, 86,
90, 173, 176
Plataforma de Analítica da Aprendizagem, 96
Plataformas de LA, 96-98, 99
PLE. *Ver* Personal Learning Environment
Portfólio, 23, 59, 62, 146, 173
Predição de vínculo, 3, 45
Processamento de Linguagem Natural na
educação, 130-131

R

RA. *Ver* Realidade aumentada
Radio-Frequency Identification (RFDI), 79,
173, 176, 177
RDFI. *Ver* Radio-Frequency Identification
Realidade
aumentada (RA), 81, 99, 132, 158, 165, 173
virtual (RV), 99, 173
REAs. *Ver* Recursos educacionais abertos
Recomendação educacional, 127
sistemas de, 126-128
Recursos educacionais abertos (REAs), 27,
173
Redes neurais, 29, 32, 123, 126, 167, 168
Redes sociais, 8, 10, 23, 43, 44, 45, 46, 48, 59,
72, 77, 78, 85, 86, 88, 95
Redução de dimensionalidade, 42, 119, 121
Regressão linear, 20, 36-38
múltipla ou multivariada, 36
simples, 36
Renderização, 56, 173

Robótica, XVI, 111, 122, 135-138, 162
educacional, 137-138
RV. *Ver* Realidade virtual

S

Self-service. Ver Autosserviço
Significância estatística, 21, 174
Singularidade
humana, 163
tecnológica, 110, 161
Sistemas de recomendação educacional,
126-128
Sistemas de Tutoria Inteligente, XII, 58, 90,
93, 144, 148-149, 175
Smart
cities. *Ver* Cidades inteligentes
education. *Ver* Educação inteligente
learning. *Ver* Aprendizagem inteligente
SNA. *Ver* Análise de Redes Sociais
Social Media Analytics, 69, 77-78
Social Network Analysis (SNA). *Ver* Análise
de Redes Sociais
Software "inteligente", 153
Speech Analytics. *Ver* Analítica de Fala
SQL. *Ver* Structured Query Language
Streaming, 2, 96, 174
Structured Query Language (SQL), 67, 174,
176, 177
Support Vector Machine (SVM). *Ver* Máquina
de Vetores de Suporte

T

Tecnologias vestíveis (*wearables*), 2, 23, 79,
81, 99, 174
Teorema de Bayes, 32, 174
Testes A/B, 43
Text Analytics, 69, 71-72, 116, 139
The Six V (ou 6V), 4
Tomada de Decisão Educacional Orientada a
Dados, 62-63, 175
Tomada de Decisão Orientada a Dados,
61-63, 71, 175

V

VCA. *Ver* Video Analytics
Video Analytics, 69, 74, 75-76
Video Content Analysis (VCA). *Ver* Video
Analytics
Visualização de dados, 32, 42, 56-57, 59, 85,
88, 95

W

Wearable. *Ver* Tecnologias vestíveis

X

xAPI, 90, 96, 99, 165, 172, 175, 177

REFERÊNCIAS

ACADEMIC ANALYTICS. Disponível em: https://www.academicanalytics.com/. Acesso em: 30 abr. 2020

ACKOFF, R. L. From data to wisdom. *Journal of Applied Systems Analysis,* n. 16, p. 3-9, 1989.

ADL. Experience xAPI. Disponível em: https://adlnet.gov/projects/xapi/. Acesso em: 30 abr. 2020.

AGARWAL, R.; DHAR, V. Big data, data science, and analytics: the opportunity and challenge for its research. *Information Systems Research*, v. 25, n. 3, 25 set. 2014. Disponível em: https://pubsonline.informs.org/doi/full/10.1287/isre.2014.0546. Acesso em: 27 abr. 2020.

ALGARNI, A. Data mining in education. *International Journal of Advanced Computer Science and Applications*, v. 7, n. 6, 2016. Disponível em: https://www.researchgate.net/publication/304808426_Data_Mining_in_Education. Acesso em: 29 abr. 2020.

ALPHAGO – The Movie. Full Documentary. Disponível em: https://www.youtube.com/watch?v=WXuK6gekU1Y. Acesso em: 9 jul. 2020.

ALTINTAS, I.; GUPTA, A. How does big data science happen? Five components of data science. In: *Introdução ao big data.* San Diego: Universidade da Califórnia, s./d. Disponível em: https://www.coursera.org/lecture/big-data-introduction/how-does-big-data-science-happen-five-components-of-data-science-6Q5H1. Acesso em: 29 abr. 2020.

AMERICAN ASSOCIATION FOR ARTIFICIAL INTELLIGENCE (AAAI PRESS). Disponível em: https://www.aaai.org/. Aceso em: 29 abr. 2020.

ANURADHA, C. How is big data empowering artificial intelligence: 5 essentials you need to know. *Your Story*, 2018. Disponível em: https://yourstory.com/2018/02/big-data-empowered-artificial-intelligence?utm_pageloadtype=scroll. Acesso em: 30 abr. 2020.

BAKER, T.; SMITH, L. Educ-AI-tion rebooted? Exploring the future of artificial intelligence in schools and colleges. *Nesta Foundation*, 2019. Disponível em: https://media.nesta.org.uk/documents/Future_of_AI_and_education_v5_WEB.pdf. Acesso em: 30 abr. 2020.

BALDASSARRE, M. Think big: learning contexts, algorithms and data science. *REM – Research on Education and Media,* v. 8, n. 2, 2016.

BECK, J. E. *Educational data mining.* California: The AAAI Press, 2005. Disponível em: https://www.aaai.org/Library/Workshops/ws05-02.php. Acesso em: 30 abr. 2020.

BECKER, S. A. *et al. NMC Horizon Report*: 2018 Higher Education Edition. Louisville: EDUCAUSE, 2018.

BEHAR, P. A. *Recomendação pedagógica em educação a distância*. Porto Alegre: Penso, 2019.

BERENS, J. *et al.* Journal of educational data mining. *Educational Data Mining*, v. 11, n. 3, 2019. Disponível em: http://jedm.educationaldatamining.org/index.php/JEDM. Acesso em: 30 abr. 2020.

BISHOP, M. J. Splitting Hairs: exploring learn-ing vs learn-er analytics (and why we should care). *The Evollution*, 29 mar. 2017. Disponível em: https://evolllution.com/technology/metrics/splitting-hairs-exploring-learn-ing-vs-learn-er-analytics-and-why-we-should-care/. Acesso em: 27 jan. 2020.

BOSTROM, N. *Superinteligência*: caminhos, perigos e estratégias para um novo mundo. Rio de Janeiro: DarkSide Books, 2018.

BRASIL. *Lei n. 12.965, de 23 de abril de 2014*. Marco Civil da Internet. Disponível em: http://www.planalto.gov.br/ccivil_03/_ato2011-2014/2014/lei/l12965.htm. Acesso em: 28 abr. 2020.

BRASIL. *Lei n. 13.709, de 14 de agosto de 2018*. Lei Geral de Proteção de Dados Pessoais (LGPD). Disponível em: http://www.planalto.gov.br/ccivil_03/_ato2015-2018/2018/lei/L13709.htm. Acesso em: 28 abr. 2020.

BROWN, J. S.; SLEEMAN, D. *Intelligent tutoring systems*. London: Academic Press, 1997.

BUSINESS INTELLIGENCE WIKI. *A brief history of data mining*. Disponível em: https://sites.google.com/site/fsubiwiki/home/data-mining/history. Acesso em: 29 abr. 2020.

CAMPBELL, J.; DEBLOIS, P.; OBLINGER, D. Academic analytics: a new tool for a new era. *EDUCAUSE Review*, v. 42, n. 4, p. 40-57, jul./ago. 2007. Disponível em: https://er.educause.edu/articles/2007/7/academic-analytics-a-new-tool-for-a-new-era. Acesso em: 30 abr. 2020.

CAMPOS, A. *et al.* Mapeamento de soluções tecnológicas em sistemas de recomendação educacionais em âmbito brasileiro. In: *Informática na Educação*: teoria & prática, Porto Alegre, v. 20, n. 3, p. 79-96, set./dez. 2017.

CASTANHA, L. A. Assistentes pessoais: uso inovador também na aprendizagem. *Estadão*, 20 dez. 2019. Disponível em: https://politica.estadao.com.br/blogs/fausto-macedo/assistentes-pessoais-uso-inovador-tambem-na-aprendizagem/. Acesso em: 30 abr. 2020.

CASTROUNIS, A. Artificial intelligence, deep learning, and neural networks, explained. *KDnuggets*, out. 2016. Disponível em: https://www.kdnuggets.com/2016/10/artificial-intelligence-deep-learning-neural-networks-explained.html. Acesso em: 30 abr. 2020.

CAVALCANTI, C. C.; FILATRO, A. *Design thinking na educação presencial, a distância e corporativa*. São Paulo: Saraiva, 2017.

CHATTI, M. A. *et al.* Reference model for learning analytics. *International Journal of Technology Enhanced Learning (IJTEL)*, v. 5/6, n. 4, p. 318-331, dez. 2011. Special Issue on "State-of-the-Art in TEL".

CIELEN, D.; MEYSMAN, A. D. B.; ALI, M. *Introducing data science*: big data, machine learning, and more, using Python tools. Shelter Island: Manning Publications, 2016.

CLARK. D. Learning designers will have to adapt or die. Here are 10 ways they need to adapt to AI... *OEB Insigths*, 8 nov. 2018. Disponível em: https://oeb. global/oeb-insights/learning-designers-will-have-to-adapt-or-die-here-are-10-ways-they-need-to-adapt-to-ai/. Acesso em: 28 abr. 2020.

COOK, K. Top 10 predictions for AI, big data, and analytics in 2018-19. *HouseOfBots,* 10 dez. 2018. Disponível em: https://www.houseofbots.com/news-detail/4237-1-top-10-predictions-for-ai-big-data-and-analytics-in-2018-19. Acesso em: 30 abr. 2020.

DETTMERS, T. Deep learning in a nutshell: core concepts. *NVIDIA*, 3 nov. 2015. Disponível em: https://devblogs.nvidia.com/deep-learning-nutshell-core-concepts/. Acesso em: 30 abr. 2020.

DIAMANDIS, P. H. A model for the future of education. *SingularityHub*, set. 12, 2018. Disponível em: https://singularityhub.com/2018/09/12/a-model-for-the-future-of-education-and-the-tech-shaping-it/. Acesso em: 17 fev. 2020.

DYCKHOFF, A. L. *et al*. Design and implementation of a learning analytics toolkit for teachers. *Educational Technology & Society*, v. 3, n. 15, p. 58-76, 2012. Disponível em: https://www.researchgate.net/publication/266872275_Design_and_Implementation_of_a_Learning_Analytics_Toolkit_for_Teachers. Acesso em: 30 abr. 2020.

EDM'08. 1st International Conference on Educational Data Mining. *Educational Data Mining*, 2008. Disponível em: http://educationaldatamining.org/EDM2008/. Acesso em: 29 abr. 2020.

EDUCATIONAL DATA MINING. Disponível em: https://educationaldatamining. org/. Acesso em: 29 abr. 2020.

EDUCBA. *Text mining vs text analytics*: which one is better. Disponível em: https://www.educba.com/text-mining-vs-text-analytics/. Acesso em: 29 abr. 2020.

EGGER, H. L. *et al*. Automatic emotion and attention analysis of young children at home: a ResearchKit autism feasibility study. *Nature*, n. 20, 2018. Disponível em: https://www.nature.com/articles/s41746-018-0024-6. Acesso em: 6 maio 2020.

ELLSWORTH, D.; COX, M. Application-controlled demand paging for out-of-core visualization. *NASA Ames Research Center*, California, jul. 1997. Disponível em: https://www.nas.nasa.gov/assets/pdf/techreports/1997/nas-97-010.pdf. Acesso em: 28 abr. 2020.

E-SKILLLSBUSINESSTOOLBOX. *Voorbij de hype* [Além do hype]. Smart Business ICT, s/d. Disponível em: https://e-skillsbusinesstoolbox.webnode.nl/big-data/voorbij-de-hype/. Acesso em: 17 ago. 2020.

FIESP/CIESP. *Cartilha de proteção de dados pessoais*, 2019. Disponível em: https://www.fiesp.com.br/arquivo-download/?id=261401. Acesso em: 28 abr. 2020.

FILATRO, A. *Design instrucional contextualizado*. São Paulo: Senac, 2004.

FILATRO, A. *DI 4.0: inovação na educação corporativa*. São Paulo: Saraiva, 2019.

FILATRO, A. *Learning analytics:* análise e desempenho do ensino e aprendizagem. São Paulo: Senac, 2019.

FILATRO, A. Learning design como fundamentação teórica para o design instrucional contextualizado. 2008. Tese (Doutorado em Educação) – Faculdade de Educação, Universidade de São Paulo, São Paulo, 2008.

FILATRO, A. *Produção de conteúdos educacionais*. São Paulo: Saraiva, 2016.

FILATRO, A.; CAVALCANTI, C. C. *Metodologias inov-ativas na educação presencial, a distância e corporativa*. São Paulo: Saraiva, 2018.

FOOTE, K. D. A brief history of analytics. *Dataversity*, 25 set. 2018. Disponível em: https://www.dataversity.net/brief-history-analytics/. Acesso em: 30 abr. 2020.

GABRIEL, M. *Você, eu e os robôs*: pequeno manual do mundo digital. São Paulo: Atlas, 2018.

GANDOMI, A.; HAIDER, M. Beyond the hype: big data concepts, methods, and analytics. *International Journal of Information Management*, v. 35, n. 2, p. 137--144, abr. 2015.

GARCIA-MARTINEZ, S.; HAMOU-LHADJ, A. *Educational recommender systems*: a pedagogical-focused perspective. Springer International Publishing, maio 2013. Disponível em: https://www.researchgate.net/publication/287410124_Educational_Recommender_Systems_A_Pedagogical-Focused_Perspective. Acesso em: 30 abr. 2020.

GAVIDIA, J. J. Z.; ANDRADE, L. C. V. *Sistemas tutores inteligentes*. 2003. Dissertação (Pós-graduação em Inteligência Artificial) – Universidade Federal do Rio de Janeiro, Rio de Janeiro, 2003.

GILBERT, J. *Catching the knowledge wave*: the knowledge society and the future of education. Wellington: New Zealand Council for Educational Research, 2005.

GILL, N. S. IoT analytics platform for real-time data ingestion, streaming analytics. *XenonStack*, 4 mar. 2019. Disponível em: https://www.xenonstack.com/blog/iot-analytics-platform/. Acesso em: 30 abr. 2020.

GOKSEL, N.; BOZKURT, A. Artificial intelligence in education: current insights and future perspectives. In: SISMAN-UGUR, S.; KURUBACAK, G. (eds.). *Handbook of research on learning in the age of transhumanism*. Hershey: IGI Global, 2019.

GOLDSTEIN, P.; KATZ, R. *Academic analytics*: the uses of management information and technology in higher education. EDUCAUSE Center for Analysis and Research (ECAR), 12 dez. 2005. Disponível em: https://library.educause.edu/resources/2005/12/academic-analytics-the-uses-of-management-information-and-technology-in-higher-education. Acesso em: 30 abr. 2020.

GOMES, D. Como utilizar video analytics para impulsionar sua estratégia de conteúdo. *Blog da Sambatech*, dez. 2019. Disponível em: https://sambatech.com/blog/insights/video-analytics-conteudo/. Acesso em: 30 abr. 2020.

GRECH, A.; CAMILLERI, A. F. *Blockchain in education*. Luxembourg: Publications Office of the European Union, 2017. Disponível em: https://publications.jrc. ec.europa.eu/repository/bitstream/JRC108255/jrc108255_blockchain_in_ education%281%29.pdf. Acesso em: 30 abr. 2020.

GU, X. Smart technology and learning. *International Journal of Smart Technology and Learning*, v. 1, s./d. Disponível em: https://www.inderscience. com/info/inissues.php?jcode=ijsmarttl. Acesso em: 7 maio 2020.

HAMANN, R. Do bit ao yottabyte: conheça os tamanhos dos arquivos digitais. *Tecmundo,* maio 2011. Disponível em: https://www.tecmundo.com.br/ infografico/10187-do-bit-ao-yottabyte-conheca-os-tamanhos-dos-arquivos-digitais-infografico-.htm. Acesso em: 28 abr. 2020.

HOEL, T.; MASON, J. Standards for smart education: towards a development framework. *Smart Learning Environments*, v. 3, n. 5, 2018. Disponível em: https://www.researchgate.net/publication/323524466_Standards_for_smart_ education_-_towards_a_development_framework. Acesso em: 7 maio 2020.

HOLSOLIVIA. Technological singularity: from fiction to reality. *HollyOlivia*, 29 out. 2014. Disponível em: https://innovationtorevolution.wordpress. com/2014/10/29/technological-singularity-from-fiction-to-reality/. Acesso em: 15 fev. 2020.

HYLANDS, A. Data analytics vs. analysis: what's the difference? *simple Analytical*. Disponível em: https://simpleanalytical.com/data-analytics-vs-analysis-whats-the-difference. Acesso em: 30 abr. 2020.

IAIED. Disponível em: https://iaied.org/. Acesso em: 30 abr. 2020.

IASLE. Disponível em: http://iasle.net/. Acesso em: 7 maio 2020.

IFENTHALER, D.; WIDANAPATHIRANA, C. Development and validation of a learning analytics framework: two case studies using support vector machines. *Tech Know Learn*, n. 19, p. 221-240, 2014. Disponível em: https://www. researchgate.net/publication/262976115_Development_and_Validation_of_a_ Learning_Analytics_Framework_Two_Case_Studies_Using_Support_Vector_ Machines. Acesso em: 29 abr. 2020.

IJCAII. International Joint Conferences on Artificial Intelligence Organization. *Proceedings of the Eleventh International Joint Conference*. 1989. Disponível em: https://www.ijcai.org/Proceedings/1989-1. Acesso em: 29 abr. 2020.

ILIINSKY, N.; STEELE, J. *Designing data visualizations*. California: O'Reilly Media, 2020.

IMS GLOBAL. Caliper analytics. Disponível em: https://www.imsglobal.org/ activity/caliper. Acesso em: 30 abr. 2020.

INTELLIBOARD. *Overview*. Disponível em: https://intelliboard.net/assets/ images/home/index.jpg. Acesso em: 30 abr. 2020.

ISAIAS, P. *Interactive technology and smart education*. Bingley: Emerald Publishing Limited, 2004. Disponível em: https://www.emerald.com/insight/ publication/issn/1741-5659. Acesso em: 7 maio 2020.

JOSHI, N. 7 tipos de inteligência artificial. *Forbes*, 19 jun. 2019. Disponível em: https://www.forbes.com/sites/cognitiveworld/2019/06/19/7-types-of-artificial-intelligence/#429c69b6233e. Acesso em: 28 abr. 2020.

KABAKCHIEVA, D.; STEFANOVA, K. Big data approach and dimensions for educational industry. *Economic Alternatives*, n. 4, p. 47-59, 2015. Disponível em: https://www.unwe.bg/uploads/Alternatives/5-Stefanova-Kabakchieva.pdf. Acesso em: 28 abr. 2020.

KAN, M. Natural language processing for massive online open courses (MOOCs). *Gravação de apresentação feita no ALSET's Research Theme Leads August 2018 Meeting*. Disponível em: https://www.youtube.com/watch?v=ywUMZZWWOfk. Acesso em: 29 abr. 2020.

KDNUGGETS. Disponível em: https://www.kdnuggets.com/. Acesso em: 29 abr. 2020.

KLERKX, J.; VERBERT, K.; DUVAL, E. Learning analytics dashboards. In: LANG, C.; SIEMENS, G.; WISE, A.; GAŠEVIĆ, D. (eds.). *Handbook of learning analytics*. New York: Solar, 2017. Disponível em: https://www.solaresearch.org/hla-17/. Acesso em: 29 abr. 2020.

KOPER, R. Conditions for effective smart learning environments. *Smart Learning Environments*, v. 1, n. 5, 7 nov. 2014. Disponível em: https://slejournal.springeropen.com/articles/10.1186/s40561-014-0005-4. Acesso em: 7 maio 2020.

KRAMER, A. D. I.; GUILLORY, J. I.; HANCOCK, J. T. Experimental evidence of massive-scale emotional contagion through social networks. *Proceedings of the National Academy of Sciences of the United States of America*, v. 24, n. 111, p. 8788-8790, 17 jun. 2014.

KRZYK, K. Coding deep learning for beginners: types of machine learning. *Towards Data Science*, 25 jul. 2018. Disponível em: https://towardsdatascience.com/coding-deep-learning-for-beginners-types-of-machine-learning-b9e651e1ed9d. Acesso em: 30 abr. 2020.

LEWKOW, N. *et al. Learning analytics platform*: towards an open scalable streaming solution for education. Disponível em: https://pdfs.semanticscholar.org/622b/cba6ebd1e38e8593d7ac55b7510cf9656cfa.pdf?_ga=2.1834291.346784906.1582666418-1992456357.1581193573. Acesso em: 30 abr. 2020.

LINDEN, R. Técnicas de agrupamento. *Revista de Sistemas de Informação da FSMA*, n. 4, 2009.

LIU, D.; HUANG, R.; WOSINSKI, M. *Smart learning in smart cities* (lecture notes in educational technology). Kindle Edition. Springer Singapore, 2017.

LONG, P.; SIEMENS, G. Penetrating the fog: analytics in learning and education. *Educause Review*, v. 46, n. 5, p. 31-40, 2011. Disponível em: https://er.educause.edu/articles/2011/9/penetrating-the-fog-analytics-in-learning-and-education. Acesso em: 30 abr. 2020.

MANGAROSKA, K.; GIANNAKOS, M. Learning analytics for learning design: a systematic literature review of analytics-driven design to enhance learning. *IEEE Transactions on Learning Technologies*, set. 2018. Disponível em: https://www.researchgate.net/publication/327406391_Learning_analytics_for_learning_design_A_systematic_literature_review_of_analytics-driven_design_to_enhance_learning. Acesso em: 28 abr. 2020.

MANYIKA, J. *et al. Big data:* the next frontier for innovation, competition, and productivity. McKinsey Global Institute, 2011. Disponível em: https://www.mckinsey.com/business-functions/mckinsey-digital/our-insights/big-data-the-next-frontier-for-innovation. Acesso em: 30 abr. 2020.

McNAMARA, D. S. *et al*. Natural language processing and learning analytics. In: LANG, C.; SIEMENS, G.; WISE, A.; GAŠEVIĆ, D. (eds.). *Handbook of learning analytics*. New York: SOLAR, 2017. Disponível em: https://www.solaresearch.org/hla-17/. Acesso em: 30 abr. 2020.

MEDEIROS, C. A. de. *Estatística aplicada à educação*. Brasília: Universidade de Brasília, 2009.

MINTEER, A. *Analytics for the internet of things (IoT)*: intelligent analytics for your intelligent devices. Kindle Edition. Birmingham: Packt Publishing, 2017.

MOODLE. *Google analytics*. Disponível em: https://moodle.org/plugins/local_ganalytics. Acesso em: 30 abr. 2020.

MOODLE. *Learning analytics moodle*. Disponível em: https://moodle.org/plugins/local_smart_klass. Acesso em: 30 abr. 2020.

MORALES, C. R.; VENTURA, S. *Data mining e-learning*. Cordoba: Universidad de Cordoba, 2005. Disponível em: https://www.witpress.com/books/978-1-84564-152-8. Acesso em: 30 abr. 2020.

MORETTIN, P. A.; BUSSAB, W. O. *Estatística básica*. São Paulo: Saraiva, 2017.

MORISSE, T. AI for Dummies. *FaberNovel*, 23 fev. 2017. Disponível em: https://www.fabernovel.com/en/insights/tech-en/ai-for-dummies. Acesso em: 30 abr. 2020.

NETHICS/OPICEBLUM. *Os impactos da Lei Geral de Proteção de Dados em instituições de ensino*, s./d. Disponível em: https://www.nethicsedu.com.br/v2/wp-content/uploads/2019/08/Cartilha-Os-impactos-da-LGPD-nas-institui%C3%A7%C3%B5es-de-ensino.pdf?fbclid=IwAR0Ejf3t7VB-uryviAq76IYh5UJXIkg_1h08pRYmEp3BD6ph9kOJJqO2e98. Acesso em: 28 abr. 2020.

PANDYA, J. The troubling trajectory of technological singularity. *Cognitive World/Forbes*, 10 fev. 2019. Disponível em: https://www.forbes.com/sites/cognitiveworld/2019/02/10/the-troubling-trajectory-of-technological-singularity/#55f8ffd16711. Acesso em: 7 maio 2020.

PAPERT, S. *A máquina das crianças*: repensando a escola na era da informática. Porto Alegre: Artes Médicas, 2008.

PARLAMENTO EUROPEU. *Regulamento (EU) n. 2016/679, de 27 de abril de 2016*. Regulamento Geral de Produção de Dados da União Europeia. Disponível, em português, em: https://eur-lex.europa.eu/legal-content/PT/TXT/PDF/?uri=CELEX:32016R0679&from=EN. Acesso em: 28 abr. 2020.

PARMAR. A. Big data analytics paving the path for businesses with more informed decisions. *Datafloq*, 1 mar. 2019. Disponível em: https://datafloq.com/read/big-data-analytics-paving-path-businesses-decision/6110. Acesso em 8 fev. 2020.

PEREIRA, S. L. *Processamento de linguagem natural*, s/d. Disponível em: http://www.ime.usp.br/~slago/IA-pln.pdf. Acesso em: 28 abr. 2020.

PERSEUS. *Perseus cloud*. Disponível em: https://www.perseus.com.br/PerseusCloud/GestaoEducacional. Acesso em: 30 abr. 2020.

PIETY, P. J.; HICKEY, D. T.; BISHOP, M. J. Educational data sciences: framing emergent practices for analytics of learning, organizations, and systems. *LAK '14*, p. 24-28, mar. 2014.

PROVOST, F.; FAWCETT, T. *Data science para negócios:* o que você precisa saber sobre mineração de dados e pensamento analítico de dados. Edição Kindle. Rio de Janeiro: Alta Books, 2016.

QUEIROZ, R. L.; SAMPAIO, F. F.; SANTOS, M. P. Pensamento computacional, robótica e educação. *Tecnologias, Sociedade e Conhecimento*, Campinas, v. 4, n. 1, dez. 2017. Disponível em: http://www.nce.ufrj.br/ginape/livre/paginas/artigos/PensamentoComputacionalTSC.pdf. Acesso em: 20 abr. 2020.

RAY, S. K.; SAEED, M. Applications of educational data mining and learning analytics tools in handling big data in higher education: trends, issues, and challenges. In: ALANI, M. *et al.* (eds.). *Applications of big data analytics*. Springer, 2018. Disponível em: https://www.researchgate.net/publication/326554623_Applications_of_Educational_Data_Mining_and_Learning_Analytics_Tools_in_Handling_Big_Data_in_Higher_Education_Trends_Issues_and_Challenges. Acesso em: 30 abr. 2020.

RECUERO, R. *Introdução à análise de redes sociais online*. Salvador: EDUFBA, 2017. Disponível em: http://repositorio.ufba.br/ri/handle/ri/24759. Acesso em: 29 abr. 2020.

RIBEIRO, L.; FOSS, L.; CAVALHEIRO, S. A. C. Entendendo o pensamento computacional. *ArXiv*, jul. 2017. Disponível em: https://www.researchgate.net/publication/318121300_Entendendo_o_Pensamento_Computacional. Acesso em: 30 abr. 2020.

RIENTIES, B. et al. A review of ten years of implementation and research in aligning learning design with learning analytics at the Open University UK. *Interaction Design and Architecture(s)*, v. 33, p. 134-154, 2017. Disponível em: https://www.researchgate.net/publication/321374484_A_review_of_ten_years_of_implementation_and_research_in_aligning_learning_design_with_learning_analytics_at_the_Open_University_UK. Acesso em: 19 fev. 2020.

RIOS, L. R. S. *Visão computacional*. Departamento de Ciência da Computação – Universidade Federal da Bahia, Salvador, BA, 2011. Disponível em: http://docplayer.com.br/3800264-Visao-computacional-1-introducao-luiz-romario-santana-rios-1.html. Acesso em: 18 maio 2020.

ROCCHINI, C. Hue scale representing node betweenness on a graph. *Wikemedia*, 2007. Disponível em: https://upload.wikimedia.org/wikipedia/commons/thumb/6/60/Graph_betweenness.svg/330px-Graph_betweenness.svg.png. Acesso em: 29 abr. 2020.

RODRIGUES, P. J.; MIRANDA, G. L. Ambientes pessoais de aprendizagem: conceções e práticas. *RELATEC – Revista Latinoamericana de Tecnología Educativa*, v. 12, n. 1, p. 23-34, 2013. Disponível em: https://www.researchgate.net/publication/279958203_Ambientes_pessoais_de_aprendizagem_concecoes_e_praticas_Personal_learning_environments_conceptions_and_practices. Acesso em: 15 maio 2020.

ROLL, I.; WYLIE, R. Evolution and revolution in artificial intelligence in education. *International Journal of Educational Technology in Higher Education*, n. 26, p. 582-599, 2016.

ROMERO, C. *et al*. Handbook of educational data mining. *Research Gate*, 2010. Disponível em: https://www.researchgate.net/publication/229860240_Handbook_of_Educational_Data_Mining. Acesso em: 30 abr. 2020.

ROWLEY, J. The wisdom hierarchy: representations of the DIKW hierarchy. *Journal of Information Science,* v. 2, n. 33, p. 163-180, 2007.

RUTZ DA SILVA, S. C.; SZESZ JUNIOR, A. Internet das coisas na educação: uma visão geral. *Ensino de Ciências e Tecnologia em Revista*, v. 2, n. 1, jul./ago. 2018. Disponível em: https://www.researchgate.net/publication/327326417_Internet_das_Coisas_na_Educacao_Uma_Visao_Geral. Acesso em: 30 abr. 2020.

SAMPAIO, L. Quanto cabe em um yottabyte? *Tecmundo*, jul. 2010. Disponível em: https://www.tecmundo.com.br/memoria/4584-quanto-cabe-em-um-yottabyte-.htm. Acesso em: 13 jan. 2020.

SHAIKH, F. Deep learning vs. machine learning: the essential differences you need to know! *Analytics Vidhya*, 8 abr. 2017. Disponível em: https://www.analyticsvidhya.com/blog/2017/04/comparison-between-deep-learning-machine-learning/. Acesso em: 30 abr. 2020.

SHARMA, R. S.; YILDIRIM, H.; KURUBACAK, G. *Blockchain technology applications in education*. IDI Global, 2020.

SIEMENS, G.; BAKER, R. Learning analytics and educational data mining: towards communication and collaboration. *Proceedings of the 2nd International Conference on Learning and Analytics and Knowledge*. New York: ACM, 2012. Disponível em: https://www.researchgate.net/publication/254462827_Learning_analytics_and_educational_data_mining_Towards_communication_and_collaboration. Acesso em: 29 abr. 2020.

SILVER, D.; HASSABIS, D. AlphaGo Zero: starting from scratch. *DeepMind*, 2017. Disponível em: https://deepmind.com/blog/article/alphago-zero-starting-scratch. Acesso em: 7 maio 2020.

SILVER, D. *et al*. Mastering the game of Go without human knowledge. *Nature*, v. 550, n. 354, out. 2017. Disponível em: https://www.nature.com/articles/nature24270.epdf?author_access_token=VJXbVjaSHxFoctQQ4p2k4tRgN0jAjWel9jnR3ZoTvOPVW4gB86EEpGqTRDtpIz-2rmo8-KG06gqVobU5NSCFeHILHcVFUeMsbvwS-IxjqQGg98faovwjxeTUgZAUMnRQ. Acesso em: 7 maio, 2020.

SLADE, S.; TAIT, A. Global guidelines: ethics in learning analytics. *International Council for Open and Distance Education (ICDE)*, mar. 2019. Disponível em: https://www.aace.org/review/global-guidelines-ethics-in-learning-analytics/. Acesso em: 30 abr. 2020.

SOCIETY FOR LEARNING ANALYTICS RESEARCH (SoLAR). *About SoLAR*. Disponível em: www.solaresearch.org/mission/about/. Acesso em: 30 abr. 2020.

SPRINGER. *Official Journal of the International AIED Society*. Disponível em: https://www.springer.com/journal/40593. Acesso em: 30 abr. 2020.

SPRINGEROPEN. *Smart learning environments*. Disponível em: https://slejournal.springeropen.com/. Acesso em: 7 maio 2020.

TAPSCOTT, D. *A hora da geração digital*: como os jovens que cresceram usando a internet estão mudando tudo, das empresas aos governos. Rio de Janeiro: Agir Negócios, 2010.

THING, L. *Dicionário de tecnologia*. São Paulo: Futura, 2003.

TURING, A. M. Computing machinery and intelligence. *Mind*, New Series, v. 59, n. 236, p. 433-460, out. 1950.

UNECE. *Classification of types of big data,* 2013. Disponível em: http://www1.unece.org/stat/platform/display/bigdata/Classification+of+Types+of+Big+Data. Acesso em: 28 abr. 2020.

USKOV, V. L.; HOWLETT, R. J. *Smart education and smart e-learning*. Kindle Edition. New York: Springer, 2015.

VIANNA, Y. *et al. Design driven data science*: integrando design thinking com aprendizado de máquina para soluções em negócios. Curitiba: MJV Tecnologia e Inovação, 2019.

VICARI, R. M. Inteligência artificial aplicada à educação. In: PIMENTEL, M.; SAMPAIO, F. F.; SANTOS, E. O. (org.). *Informática na educação*: técnicas e tecnologias computacionais. Porto Alegre: Sociedade Brasileira de Computação, 2019. Disponível em: https://ieducacao.ceie-br.org/inteligenciaartificial/. Acesso em: 30 abr. 2020.

WASSERMAN, T. Social media data analytics: how to apply them in education. *IBM Big Data & Analytics Hub*, 21 abr. 2016. Disponível em: https://www.ibmbigdatahub.com/blog/social-media-data-analytics-how-apply-them-education. Acesso em: 30 abr. 2020.

WINKLER, R.; SÖLLNER, M. *Unleashing the potential of chatbots in education*: a state-of-the-art analysis. Chicago: Academy of Management Annual Meeting (AOM), 2018.

XAPI. *What is a learning record store (LRS)?* Disponível em: https://xapi.com/learning-record-store/. Acesso em: 30 abr. 2020.

YAO, M. Stay informed with the 8 best Alexa skills for news. *Topbots*, 29 mar. 2017. Disponível em: https://www.topbots.com/best-alexa-skills-news-amazon-echo-information-knowledge-updates/. Acesso em: 30 abr. 2020.

YOUTUBE ANALYTICS. Disponível em: https://support.google.com/youtube/answer/1714323. Acesso em: 30 abr. 2010.

ZAWACKI-RICHTER, O. *et al*. Systematic review of research on artificial intelligence applications in higher education: where are the educators? *International Journal of Educational Technology in Higher Education*, v. 39, n. 16, 2019. Disponível em: https://educationaltechnologyjournal.springeropen.com/articles/10.1186/s41239-019-0171-0. Acesso em: 30 abr. 2020.

ZHANG, C.; ROMAGNOLI, A. On the feature engineering of building energy data mining. *13th Conference on Sustainable Development of Energy, Water and Environment Systems*, mar. 2018. Disponível em: https://www.researchgate.net/publication/323674394_On_the_feature_engineering_of_building_energy_data_mining. Acesso em: 13 fev. 2020.

Conheça também as outras obras da autora

Produção de conteúdos educacionais

Os fundamentos da produção de texto, áudio, vídeo e imagem com propósito educacional são apresentados nessa obra essencial para o processo de ensino/aprendizagem.

Design thinking na educação

A obra explora a aplicação do Design Thinking como abordagem de inovação, criatividade, solução de problemas e metodologia ativa na educação.

Metodologias inov-ativas na educação

O livro aborda diversas inovações educacionais, como movimento maker, microlearning, realidade aumentada e virtual, gamificação e inteligência artificial.

Como preparar conteúdos para EaD

Nesta obra a autora apresenta um roteiro prático de elaboração de conteúdos educacionais para educação a distância e remota.

DI 4.0: inovação na educação corporativa

A obra reúne as inovações mais recentes do Design Instrucional, incluindo Design Thinking, Design da Experiência da Aprendizagem e Design Orientado a Dados.